Richard Buchta

Der Sudan und der Mahdi;

das Land, die Bewohner und der Aufstand des falschen Propheten

Richard Buchta

Der Sudan und der Mahdi;
das Land, die Bewohner und der Aufstand des falschen Propheten

ISBN/EAN: 9783743321045

Hergestellt in Europa, USA, Kanada, Australien, Japan

Cover: Foto ©ninafisch / pixelio.de

Manufactured and distributed by brebook publishing software (www.brebook.com)

Richard Buchta

Der Sudan und der Mahdi;

Der

Sudan und der Mahdi.

Das Land, die Bewohner und der Aufstand
des falschen Propheten.

Von

Richard Buchta.

Stuttgart.
Verlag der J. G. Cotta'schen Buchhandlung.
1884.

I.

Nubien und Sudan.

Das Land und die Bewohner.

Aus unbeachteten, in Chartum selbst gering geschätzten Anfängen entwickelte sich der durch eine unerhörte Mißwirtschaft, eine im weitesten Sinne ausgeübte Willkürherrschaft ägyptischer Satrapen seit Jahren vorbereitete Aufstand mit dem Auftreten des Fakir[1] Mohamed Achmed als Mahdi, als der nach einer weitverbreiteten Tradition für den Anfang des 14. Jahrhunderts nach der Flucht erwartete neue Prophet, welcher den Islam zu neuem Glanze erwecken und seine Weltherrschaft vollenden soll. Obwohl religiöse Schwärmerei der Ausgangspunkt der Bewegung war, würde dieselbe nie die nicht nur für Aegypten, sondern auch für das dasselbe leitende England so bedrohende Bedeutung gewonnen haben, wenn nicht politische und soziale Triebfedern dem Aufstand zu Grunde lägen.

Haß der seit Mehemet Ali's Eroberung den Sudan ausraubenden Türken, wozu alle von Kairo kommenden Beamten und Truppen gezählt wurden und in den letzten

---

[1] Fakir, d. i. der Arme, vor dem Herrn oder auch Faqih, ein Mann, der das Gesetz gelernt.

Jahren die Einschränkung des Sklavenhandels sind die wahren Motive, welche die mohamedanischen Bewohner des nördlichen Sudan geneigt machten, dem Mahdi (vom arabischen hada, führen, leiten, also Mahdi der von Gott geleitete, ausgesprochen wird Mahdi wie Māhādi); oder wie er in Europa genannt wird, falschen Propheten zu folgen, als derselbe durch die wahrhaft unglaublichen Fehler der ägyptischen Behörden von Erfolg zu Erfolg geführt wurde. Denn im Beginn wurde Mohamed Achmed nur durch die Paschawats, Beis und Effendis von Chartum groß gezogen. Ein Fakir, wie es der Fukarah (wörtlich Arme), Koranleser und -Ausleger, eine Art Priester, ohne jedoch priesterliche Funktionen zu haben, zu hunderten, ja tausenden im Sudan gab, hatte Mohamed Achmed zur Zeit als ich ihn im April 1880 bei meiner Rückkunft aus den Bahr-Ghazalgebieten nach Chartum in seinem Dorfe bei der im Weißen Nil gelegenen Insel Aba besuchte, nur eine für die nächste Nachbarschaft geltende Bedeutung, welche ihm der Ruf eines heiligen Mannes, den er sich durch ein asketisches Leben verdiente, verschaffte.

Damals ungekannt und unbeachtet, steht er jetzt als der von dem Delegierten Englands, General Gordon, anerkannte Emir von Kordofan an der Spitze einer Bewegung, welche Aegyptens Heeresmacht völlig vernichtet hat und Englands Regierung bewog, die Räumung der ausgedehnten Gebiete, welche die Khedives seit Mehemet Ali im Süden des eigentlichen Aegypten erworben, selbst in die Hände zu nehmen. Nachstehende Zahlen mögen die Ausdehnung der Länder, welche entweder schon verloren sind oder deren Verlust nur noch eine Frage der Zeit zu sein scheint, illustrieren. Nubien, das ist das zumeist aus Wüste bestehende Gebiet südlich vom ersten Katarakt, zwischen der Lybischen Wüste und dem Roten Meer sich erstreckend, von dem schmalen Fruchtlande an beiden Ufern durchschnitten: 861,500 Q.-Km.; Sudan, die Provinzen Kordofan, Darfur im Westen, Sennar, Taka, Senbul, die Kustengebiete von Sualin und Massaua im Osten, die Nubierien Faschoda, Bahr Ghazal und Hatt el Estiwa im Süden umfassend: 836,500 Q.-Km., zusammen: 1,741,000 Q.-Km., gegen 540,000 Q.-Km. des Deutschen Reiches. Hievon kommen 108,280 Q.-Km. auf Kordofan und 151,984 Q.-Km. auf das erst seit 1874 einverleibte Darfur. Diese Zahlen, nach den Berechnungen des ägyptischen Generalstabs gegeben, müssen noch durch Hinzufügung der durch Emin Bei und durch Gessi vollzogenen Gebietserweiterungen vervollständigt werden. —

Sichere Kenntnis des Sudan erhielten wir in neuerer Zeit erst zu Ende des vorigen Jahrhunderts. 1773 kehrt James Bruce von seiner Entdeckungsreise des Blauen Nil durch Sennar und die Nubische Wüste zurück, 1793 betritt William George Browne als erster Europäer Darfur. Im jetzigen Jahrhundert dringt der Schweizer Burckhardt 1814 als Muselmann verkleidet bis Berber und Schendy vor. Durch die Eroberungspolitik Mehemet Ali's wurde die Reise zum Blauen Nil, bislang durch die Anarchie der Bevölkerung gefährlich, zu einer ungefährlichen, und glaubwürdige Reiseberichte erweiterten von da ab rasch die geographische Kenntnis des Landes Kusch, wie es die alten Aegypter nannten. Die ausgedehnten Wüsten, die schon bei Kairo beginnen, bilden eine ununterbrochene Linie, welche bis zum Flusse Atbara in 17° n. Br. sich erstreckt, dem ersten Zufluß des Nil, der, das einzige Beispiel seiner Art, durch fast 2000 Km. Sandwüste seine Wasser ungenährt von jedem Zufluß dem Meere zuführt.

Diese Wüsten, ein Schrecken für jeden Eroberer, konnten Mehemet Ali doch nicht zurückhalten, die Hand nach den Ländern jenseits des großen toten Gürtels auszustrecken, von denen ihm Mitteilung geworden, von deren Fruchtbarkeit ganz Erstaunliches erzählt wurde, wo die Baumwolle einheimisch war und Getreide bei wenig Arbeit in solcher Menge produziert wurde, daß dies selbst den Besitzern des besten ägyptischen Bodens unerhört vorkam. Ein Franzose, der aus dem Sudan nach Kairo kam, machte als der erste Mehemet Ali auf die Baumwolle aufmerksam, deren Samen er mitgebracht. Mit dem Scharfblick, der diesen mächtigen Pascha überhaupt auszeichnete, erkannte er die große Bedeutung der Pflanze, von welcher schon Plinius als „den wolltragenden Bäumen Aethiopiens" spricht, für Aegypten und machte sich selbst an das Werk, sie im Nilthale einzuführen. Die Samenkörner wurden sorgfältig gezählt und an Vertrauenspersonen verteilt, welche für den Erfolg der Pflanzung verantwortlich gemacht wurden. Dies der Anfang der Baumwollkultur in Aegypten, welche einer der Hauptstapelprodukte werden sollte, und deren Ausfuhrwert im Jahre 1879 für 2,8 Mill. Zentner 816 Mill. Piaster und für den Samen 131,6 Mill. Piaster betrug. Unterstützt wurde der Entschluß Mehemet Ali's, den Sudan zu erobern, durch den Reiz, den das Eindringen in jene Regionen für ihn bot, wo im Dunkel des Kontinentes und der Zeit verhüllt die Quellen des fruchtbringenden Nils lagen. Die politischen Motive, welche ihn hauptsächlich leiteten, waren Beschäftigung und Entfernung des unruhigen türkischen Militärs, Albanesen 2c., welche bei der Vernichtung der Mamelucken seine Werkzeuge gewesen, und die Herbeischaffung von Negerrefruten für seine neu zu bildenden Truppen. Dazu kamen noch als Nebenabsichten: die Vernichtung des unbedeutenden Restes von Mamelucken, welche sich nach Nubien geflüchtet hatten, und die reichen Goldgruben Sennars, von denen in Kairo viel gefabelt wurde, aufzusuchen. Den Vorwand zu seinem Kriegszuge gab ihm die aus Sennar, der Hauptstadt des Jungreiches, vertriebene Königsdynastie der Wolled Atlan, welche er in ihre erblichen Rechte einsetzen zu wollen vorgab. Die Invasion und schließliche Annexion der Sudanprovinzen wurde durch Kombination von Waffengewalt und diplomatischen Verhandlungen mit den unter sich uneinigen Stammeshäuptlingen vollzogen. Die ägyptischen Truppen, obwohl in manchen Gefechten geschlagen, behielten schließlich die Oberhand. Die gegenseitige Rivalität und Feindseligkeit der Araberstämme wurde von den Agenten Mehemet Ali's geschickt ausgebeutet, welche eine Koalition derselben verhinderten.

Jsmael Pascha, ein Sohn Mehemet Ali's, welcher die Expedition kommandierte, wurde in Schendy, zwischen Berber und Chartum, 1822 auf seinem Rückweg nach Kairo vom Melek en-Nimr, von welchem er eine Bootsladung Gold und 1000 Sklaven forderte, in verräterischer Weise mit seinem Stabe dem Flammentode übergeben. Sein Schwager, der berüchtigte Defterdar von Kordofan, Mehemet Bei, rächte den Tod Jsmaels in blutigster, schonungslosester Weise. Bei Mättema am gegenüberliegenden Ufer des Nils, wurden an tausend Weiber und Kinder mit Messern niedergestochen, in Schendy viele hundert lebend verbrannt. Die Ruinen des alten, damals niedergebrannten Schendy stehen heute noch am Nil. Der Sudan wurde erobert, eine Stelle am Zusammenfluß des Blauen und Weißen Nil wurde in Rücksicht auf die gute strategische Lage, von drei Seiten von den Flüssen geschützt, zur Errichtung eines befestigten Lagers gewählt. Aus diesem Lager erwuchs die Stadt Chartum, welche, wenn auch strategisch gut, so doch hygienisch um so schlechter gelegen ist. Unter Said Pascha 1861 war die

Südgrenze des ägyptischen Sudan in 14⁰ 30′ n. Br. am Weißen Nil, etwa 100 Km. von Chartum. Der Sudan umfaßte die Nubischen Wüsten zu beiden Seiten des Nil mit Einschluß von Dongola und Kordofan westlich, mit Berber und Schendy am östlichen Ufer, bis Chartum am Zusammenfluß von Bahr-el-abiad mit Bahr-el-azrak unter 15⁰ 36′ n. Br. erreicht wurde. Sennar, am Westufer des Blauen Nil, bestand aus der Halbinsel zwischen diesen bedeutenden Flüssen und Fazogl, 11⁰ 20′ n. Br. am Blauen Nil wurde als die Grenze des ägyptischen Territoriums angenommen. Die Flüsse Rahat und Dender fließen durch einen sehr fruchtbaren Bezirk östlich vom Blauen Nil. Zwischen diesen beiden Flüssen und dem Atbara, welcher den Nil unter 17⁰ 40′ erreicht, zirka eine Tagreise südlich von Berber, dehnt sich ein herrliches Stück überaus fruchtbaren Landes aus, das alte Meroë.

Die Küsten des Roten Meeres, einschließlich Suakin und Massaua, wurden 1864 durch die Zession der Türken an Ismael Pascha, den Vizekönig, ägyptisch. Der Ausspruch Said Paschas, welcher befragt um die Grenzen Aegyptens zur Antwort gab: „Nos frontières en Egypte sont très élastiques" wurde auch durch die auf Veranlassung Munzinger's vollzogene Invasion Abessiniens gerechtfertigt. 1869 wurde Bogos und Qalabat, bis dahin im Besitz Abessiniens, Aegypten einverleibt. Dieser Gewaltstreich trug Aegypten bittere Früchte. Das herrliche Land zu Füßen der afrikanischen Alpen, rechtmäßiges abessinisches Eigentum, ist in Folge der Raubzüge und Einfälle der Abessinier entvölkert und der fruchtbare Boden an den Ufern des Setit und des Atbara brachliegend.

1869 erweiterte Sir Samuel Baker, welcher unter der Aufgabe, den Sklavenhandel zu unterdrücken, die Ländersucht des Khedive Ismael verbergen mußte, die Südgrenzen des Sudan bis zu einem Grade nördlich vom Aequator, nachdem schon vorher Besitz von Tenab, der alten Schilluk=Hauptstadt, 9° 52′ n. Br., genommen wurde und daselbst das befestigte Faschoda errichtet ward. 1874 wurde Darfur durch Ziber Rabama erobert, nachdem der letzte Sultan Brahim im Oktober 1874 in der Schlacht bei Menowatschi den Heldentod gefunden. Ismael Pascha Eyub, damals Gouverneur in Chartum, nahm aus Zibers Händen das dem Khedive Ismael Pascha angebotene Sultanat.

Unter Gordon, dem Nachfolger Bakers in der Ausführung der philantropischen Aufgabe der Niederdrückung des Sklavenhandels, erfuhren die Grenzen Erweiterungen durch das friedliche Vorgehen Emin Bei's in den Aequator=provinzen und durch Gessi's Niederwerfung Solimans, des Sohnes Ziber, welcher von seinem Hauptorte im Dar=Fertit ägyptische Niederlassungen überfiel und plünderte, in der Richtung des Bahr=Ghazal=Gebietes.

Der gesamte Abfluß des Nil=Bassins ist von Südosten zu Nordwest; es ist naturlich, daß die von reichem Wasser=netz durchströmten östlichen Uferländer des Nils an Frucht=barkeit die trockenen, landwirtschaftlich gering wertigen westlichen (Kordofan, Darfur) weitaus übertreffen.

Von den in den Aufstand einbezogenen Provinzen sind die Gezireh, die Insel Sennar, wie sie wegen ihrer Lage zwischen dem Blauen und Weißen Nil genannt wird, und die Länder östlich vom Blauen Nil die fruchtbarsten. Die Fruchtbarkeit ist ausschließlich von den Regengüssen ab=hängig. Dieselben beginnen im Mai und dauern bis Mitte September. Keiner der Flüsse überflutet seine tief in den Alluvialboden eingeschnittenen Betten, deren Inhalt mit zur Bildung des unterägyptischen Nil=Deltas beitrug. Durchwegs am Setit oder Takaze, ebenso wie am Atbara von Goz Regeb 16° n. Br. an ist der Boden ausge=

zeichnet. Die mittlere Höhe des Bodens, welcher das einstige Reich Meroë bedeckt, ist 50 m. über dem Flusse Atbara; die fruchtbare Ebene dehnt sich bis zur Maximalbreite von 3 Km. aus, ein Flußthal bildend, bis der Atbara nördlich von Goz Regeb Wüstensand erreicht. Die letzten 150 Km. von diesem Punkte aus verschmälert sich das Atbara-Thal allmählich bis es nur einen schmalen Wasserstreifen bildet. Durch diese sterile Strecke eilt der Fluß in reißendem Laufe. Dumpalmen und Mimosen bilden einen grünen Gürtel längs der Uferbänke, welche von der einzigen Nässe bespült werden, welche in diesem Land des Durstes zu finden ist. Die Flüsse Angareb und Salaam, welche südlich vom Setit in den Atbara fließen, zeigen, obwohl bedeutend geringer, denselben Charakter. Sie haben sich ihre Betten in den weichen Boden hineingewühlt.

Wenn schon die Notwendigkeit vorliegt, den Sudan zu räumen, so sollten doch zuvor die äußersten Anstrengungen gemacht werden, die östlichen Provinzen an den Ufern des Blauen Nil: Sennar und das alte Meroë mit Chartum zu halten. Die Beschaffenheit von Boden und Klima ist der Kultur aller tropischen Pflanzen günstig wie z. B. Zucker, Kakao, Gewürze, Kaffee und vor allen Dingen Baumwolle, welche sich in größter Menge erzeugen ließe. Das gesamte Land von Kassala an, einschließlich des Gebietes zwischen dem Blauen Nil, Atbara und dem eigentlichen Nil mit Sennar, von Uferstrecken am Mahad Dender, könnte eine weite Baumwollenpflanzung werden, könnte die Bevölkerung auf eine geordnete und gerechte Regierung vertrauen und würden Eisenbahnverbindungen mit Suakin hergestellt. Kein Land der Welt ist der Baumwollenpflanzung günstiger als diese eben angeführten Länder, woselbst Regenschauer von Mai angefangen bis in die

Mitte September das Wachsen der Pflanzen sichern und eine von allen Niederschlägen freie Erntezeit das Einbringen der Wolle in der bestmöglichsten Kondition gestattet. Getreide, welches hauptsächlich sudlich von Chartum am Blauen Nil gebaut wird, ebenso wie die Distrikte von Cedaref gerühmt sind wegen der enormen Produktion von Durrah, könnte fast in jedem beliebigen Quantum gebaut werden, wenn Ausfuhrwege mittelst Bahn nach dem Roten Meere vorhanden wären. Sowohl der Blaue Nil als besonders die Zuflüsse der Atbara, der Rahad, Dender, welche in der Regenheit ihre Wassermassen reißend vorwärts treiben, ließen sich durch Schleußen und Wehre kontrollieren und Meroë könnte ebenso wie Unterägypten von einem Netze von Kanälen durchschnitten sein.

Kordofan am westlichen Ufer des Weißen Nil ist wegen Wassermangels in seiner nördlichen Hälfte ein wenig bebautes und wenig produktives Land. Der Boden in gleicher Verteilung aus Sand, Thon und Granit bestehend, ist im allgemeinen nicht sehr gut, besser wird er im Süden zwischen den Nubabergen und der Landschaft Takale, woselbst die Regenzeit länger andauert; größere Waldungen zeugen dort für die bessere Bodenbeschaffenheit. Im allgemeinen ist Kordofan auf die verhältnismäßig kleinen und wenig zahlreichen Wasserbecken angewiesen, in welchen sich der während des Charifs fallende Regen ansammelt, die drei kleinen Seen von El Birket, El Rahad und Schirkelé, die bis 50 m. tief gegrabenen Brunnen, welche zu Ende der trockenen Jahreszeit zumeist ausgetrocknet sind und mehrere Mulden, Bodensenkungen, woselbst durch Graben in eine Tiefe von 1 bis 5 m. fast das ganze Jahr hindurch Wasser gefunden wird.

Der Norden und Westen von Kordofan, welches seinen Namen aus der Koldagi-Sprache ableitet, bildet eine einförmige Steppe in durchschnittlicher Höhe von 500 m.; einer der höchsten Punkte ist El Obeid, die Hauptstadt, 585 m. über dem Meere. Es ist nicht wahrscheinlich, daß die Gebiete, welche heute unter dem Gesamtnamen Kordofan verstanden werden, und deren Grenzen zwischen 12° 20′ und 15° 17′ n. Br. 2 3/4 Längengrade umfassen, in alten Zeiten in politischem Zusammenhange standen. Zur Zeit als sich die Herrschaft der in Sennar residierenden Fung-Könige bis zum 20. Breitengrade über die Nilprovinzen erstreckte, war ihnen das in der Gegend von Obeid seßhafte Oberhaupt zinsbar; in der Mitte des vorigen Jahrhunderts begannen die Herrscher von Darfur den Königen von Sennar die Oberherrschaft des Kordofan streitig zu machen und Ende des 18. Jahrhunderts vertrieb der Darfurische Melek Makdum el Musallem den Melek El Haschami, welcher mit Sennar im Bündnis lebte. Musallem regierte im Namen des Sultan von Darfur, Mehemet Ibn Fatel, bis er 1820 von dem Defterdar Mehemet Bei, des Vizekönigs von Aegypten Schwiegersohn, in der Schlacht bei Bara besiegt und getötet wurde. Die Bevölkerung Kordofans, welche sich im ganzen auf 250,000 bis 300,000 Seelen belaufen mag, setzt sich aus drei verschiedenen Rassen zusammen: den heimischen Einwohnern, den Nuba-Negern, den von Osten eingewanderten Dongolawis, den Handelsleuten und Gärtnern Kordofans, denen man noch die aus der Gegend von Schendy eingewanderten Tjaalin zuzählen kann und den aus dem Hedjaz stammenden Beduinenstämmen. Diese letzteren, etwa 114,000, sind Nomaden und teilen sich in mehrere Tribus. Mit dem Namen Baggara, d. i. Hirten, von báqare, die Kuh, weil Viehzucht ihre hauptsächlichste Beschäftigung bildet, werden die Stämme der Hauasme, El Gimmé, Fehjarah und Habaine bezeichnet. Dazu kommen die Derhamat, Musirir, Hamma,

Maalyu, Geleybat und Hababin ꝛc., welchen sich im Südosten die Hassanie und Beni-Gerar, im Nordosten die zahlreichen und mächtigen Kababisch anschließen. Aus diesen Araberstämmen rekrutiert sich das Gros der Kämpfer des Mahdi; vorzüglich sind es die Baggara und die Hassanie, welche bereits in der ersten Zeit der Bewegung zu ihm hielten. Was die Bevölkerung der östlichen Sudan Provinzen und Nubiens anbetrifft, so darf man annehmen, daß derselben, welche in Aegypten als Berber, Barabra bezeichnet werden, viel äthiopisches Blut beigemischt ist, ebenso wie von den eingewanderten Arabern arabisches. Lepsius nimmt an, daß die alte Bevölkerung des ganzen Nilthales bis Chartum und vielleicht auch den Blauen Fluß hinauf zur kaukasischen Rasse gehört habe und sich ehedem noch bestimmter von den Negern unterschieden habe als heute. Speziell hält Lepsius die die Bega-Sprache sprechenden Bischariba oder Bischari für das Volk, welches einst das blühende Meroë bewohnte und vor allem den Anspruch hat, das äthiopische Volk im engeren Sinne zu heißen. Die ursprüngliche, nicht eingewanderte Bevölkerung Nubiens, eben die, welche nach der Landschaft Berber Barabra genannt wird — eine Stammeseinheit mit den westlichen Berbern ist durchaus unwahrscheinlich — nannte sich selbst Nuba und wird unter diesem Namen auch von den älteren arabischen Geschichtsschreibern angeführt; ihre Sprache, von der ägyptischen durchaus verschieden, hat sich unter dem Namen der nubischen auch noch in entfernten südwestlichen Gegenden, den obenerwähnten Nuba-Bergen in Kordofan erhalten.

Da nach Gordon Paschas Plan die Räumung des Sudan mit der Herstellung der vor der Eroberung durch Mehemet Ali herrschenden Dynastien vollzogen werden soll, dürfte es am Platze sein, die im allgemeinen so wenig bekannte Geschichte Nubiens und Sennars zu skizzieren. Erst nach der Eroberung Aegyptens durch Amr Jbn el Aas 638 n. Chr. wird auch Nubien von den Arabern invadiert, nachdem die Nubier vereint mit den Bedja oder Bega den Griechen in Ober-Aegypten Hilfe leisteten. Es war im Jahre 20 der Flucht, daß Abu Sarh, ein Feldherr Amr's, seinen ersten Kriegszug nach Nubien unternahm, welchen er im Jahre 31 wiederholte, hiebei bis Dongola vordrang und den dortigen König, den der Historiker Jbn Selym el Assuani in seinem Werke: El Haber el Nubia, den König von Nubien, nennt, zur Zahlung eines Tributes in Sklaven verpflichtete. Die christliche Religion muß in den ersten Jahrhunderten unserer Zeitrechnung sich über das ganze Nilthal bis Sennar und Abessinien erstreckt haben. Nicht nur zeugen die Namen der Könige von Dongola z. B. hiefür, sondern Jbn Selym sagte ausdrücklich, indem er von den Bewohnern von Aloa, Sennar, spricht: Ihre Religion ist die der jakobitischen Christen (Kopten) und ihre Bischöfe werden von dem Haupt (Patriarchen) in Alexandrien ernannt, wie jene der Nuba.

Im Jahre 216 n. d. Flucht werden die Bedja, welche bis an die Grenzen Abessiniens wohnten, von Abdallah Jbn Djahan, einem Befehlshaber des Khalifen Mamun, tributpflichtig gemacht. Diese, die Bedja, die Vorfahren der jetzt Bischari genannten Völkerschaft, waren auch damals Beduinen und in viele Subtribus geteilt. Es ist interessant, den Bericht Jbn Selym's zu lesen, welcher auf die Erbfolge und Erbrechte Bezug hat. „Eigentum wird von dem Sohn der Tochter oder dem Sohn der Schwester geerbt mit Ausschluß des eigenen Sohnes des Erblassers; denn sie, die Bedja, behaupten, daß die Geburt aus der Tochter oder Schwester sicherer ist, denn auf alle Fälle, ob der Gatte der Vater ist oder nicht, sie ist immer die Mutter." Diese weiblichen Erbfolgerechte sehen wir bis auf die neueste Zeit Geltung behalten, wie z. B. in der Königsfamilie von Sennar, den Wold Adjib ic. Unter dem Nachfolger des Khalifen Mamun, Motasem, bestätigt Zacharias, der König von Nubien (Dongola), mit seinem Sohn Feyraky den Tribut. Im Jahre 255 nahmen die arabischen Stämme der Rabya und Djeheyne Besitz von den Goldminen im Lande der Bedja (Etbaï).

568 werden die Nubier von Salah ed Din (Saladin) für Einfälle in Ober-Aegypten gezüchtet und im folgenden Jahre bringt Salah ed Din's Bruder von Yemen aus in Nubien ein. Unterdessen muß Nord-Nubien von Assuan bis Morosko von Kenz el Dowla und seinem arabischen Stamme erobert worden sein, denn im Jahre 570 besiegt die Armee Salah ed Din's den aufrührerischen Kenz el Dowla. Der Name Wadi Kenus, den das Nilthal zwischen Assuan und Sebua führt, ist auf die Ibn Kenz zurückzuführen. 674 nach der Flucht sendet der bachritische Mameluken-Sultan Djaber Bebars von Aegypten eine Armee nach Nubien: die christlichen Kirchen werden zerstört, die Nubier müssen harte Kapitulationen eingehen. Im Jahre 799 nach der Flucht (1517) eroberte der Türken Sultan Selim I. Aegypten und sendet bosnische Truppen nach Nubien: welche Besitz vom Lande nehmen und sich in den Kastellen von Derr, Ibrim, Say und Suakin (?) festsetzen. 815 nach der Flucht treiben die Howara-Araber die Beni Kenz aus Assuan und zerstören diese Stadt.

Soweit unser Gewährsmann Makrizi, welcher die Ereignisse bis zur Gründung der Fatimidenherrschaft in Aegypten dem Ibn Selym el Assuani nacherzählt. Bezüglich der durch Gordons vielbesprochene Proklamation von Chartum aufgewirbelten Sklavenfrage dürfte es interessieren, den Vertrag, den der König von Dongola mit dem Feldherrn Amrs, Aly Sarh, schließen mußte, kennen zu lernen, da auch er beweist, daß die Sklaverei zu allen Zeiten im Nilthale geherrscht. Abu Hassan el Masudy erzählt in seinem Werk „Die goldenen Wiesen": „Der Backt ist der jährliche Tribut von Sklaven, welcher den Nubiern auferlegt wurde, von denselben in Empfang genommen und nach Aegypten geführt wird. Er besteht aus 365 Köpfen für den öffentlichen Schatz, gemäß dem Friedensvertrage zwischen den Nubiern und den Moslim. Außerdem erhält der Gouverneur von Aegypten 40 Köpfe, sein Vertreter, welcher in Assuan residiert und den Backt einzieht, 20 Köpfe, der Gouverneur von Assuan, welcher mit dem vorigen zusammen bei der Uebernahme gegenwärtig ist, 5 Köpfe und die 12 Zeugen aus dem Volke von Assuan 12 Köpfe; das Ganze gemäß den Bedingungen des Backt, als die Moslims und Nubier zuerst ihren Vertrag abschlossen." —

In den letzten Jahrhunderten war Dar Dongola ein Lehn des in Sennar regierenden Königshauses der Funghi, oder wie die Araber schreiben Funnye. Eigene, über das ganze Land regierende Könige waren längst verschwunden; in neuerer Zeit herrschten von einander unabhängige Häuptlinge, die den Titel Melik, König, annahmen auf Argo (19° 22' n. Br.), in Handak (18° 35'), Dongola Agusa (18° 13') und Korti. In Nord-Nubien führten die in Derr seßhaften Kaschef's, Gouverneure, das Regiment, standen aber im Tribut des Pascha von Aegypten, an welchen sie jährlich zirka 2500 Mark zahlten.

Dem Ansehen der Funghi trat in den Schaiqie-Arabern, einem Zweigstamm der aus dem Hedjaz eingewanderten Djaalin, ein gefährlicher Feind entgegen, welche Dongola in fortgesetzten Kriegszügen überfielen und schließlich Melik's nach ihrem Gutdünken einsetzten und einen willkürlichen Tribut von diesen erhoben. Nur die

Melil's von Argo, welche der alten Familie der nubischen Könige entstammen sollten, hielten sich mit bewaffneter Macht gegen die in Dongola herzlich gehaßten Schaiqie. Als Mehemet Ali die Mamelucken aus Aegypten vertrieb, zogen sich mehrere hundert mit ihren Sklaven und Weibern nach Dongola zurück, woselbst sie als Befreier von dem Joche der Schaiqie aufgenommen wurden, aber sofort nun ihrerseits Besitz von dem Lande nahmen, nachdem sie auf ihrem Zuge alles verwüstet und man darf sagen vernichtet hatten. Aber auch aus Dongola wurden sie durch Mehemet Ali's Sohn Jsmael vertrieben, welcher durch seinen Sieg bei Korti November 1820 Nubien für den ägyptischen Pascha gewann.

Die Bewohner Nubiens und des oberen Sudan bis zu den Negerländern scheiden sich in zwei Klassen: in Nachkommen der afrikanischen (nubischen) Bevölkerung und in Araber, Nachkommen der seit der Eroberung Aegyptens durch Amr Jbn Asi eingewanderten Araberstämme, welche aus dem Hedjaz teils über Aegypten, teils das Rote Meer übersetzend, direkt nach Nubien eindrangen. Einige, aber nur wenige Stämme leiten ihre Abstammung von Familien her, welche aus dem Westen Nordafrikas nach Aegypten und dann weiter nach dem Süden vordrangen. Fast alle Araber behielten ihre Sprache, mit wenigen Ausnahmen sprechen sie ausschließlich arabisch. Als Nomaden lebend, stolz auf ihre Abkunft und ihre Religion, hielten sie sich auch von Vermischung mit den Nubiern frei. Ausnahmen bildeten die Stämme, welche sich im Niltbale selbst, an den fruchtbaren Uferländern niederließen, und feste Wohnsitze nehmend, aufhörten, Beduinen zu sein. Die Bewohner des Wadi Kenus, d. i. des Niltbales von Assuan nach dem Süden bis Sebua bei Korosko, z. B. haben, obwohl sie ihre Herkunft von dem aus dem Hedjaz gekommenen Stamme der Rezar Jbn Rabya ableiten, die Sprache der

2

Nubier angenommen und sich derart mit denselben vermischt, daß sie heute durchaus nicht mehr den Arabern zuzuzählen sind. Die Nubier oder Barabra, wie sie von den Bewohnern Aegyptens genannt werden, bieten nicht nur sprachlich und ethnographisch, sondern auch schon physiognomisch starke Unterscheidungsmerkmale von den Arabern dar. Lepsius (Nubische Grammatik) hält, entgegen Fr. Müller, die Nubier für ein Negervolk, welche den Negertypus durch die Vermischung mit den hamitischen (äthiopischen) und semitischen (Arabern) Einwanderern verloren. Die den Nilthal=Nubiern sprachlich verwandten Nuba=Neger im Süden von Kordofan zeigen bei schönem Körperbau den vollendeten Negertypus in den Gesichtern und im äußeren Habitus. In den Gesichtszügen aller nubischen Bewohner des Nilthales läßt sich ihre Zusammengehörigkeit herauslesen. Man findet in der nubischen Physiognomie Erinnerungen an die Gesichtszüge der Aethiopier, wie sie uns auf den alten Baudenkmälern entgegentreten. Nehmen wir einen Dongolawi, Bewohner von Dar Dongola, als Typus dieser Völkergruppe heraus, so sehen wir einen gewöhnlich mittelgroßen Mann von vollendet schönem Körperbau, länglichem, ovalem Gesichte, gekrümmter, an der Spitze etwas gerundeter Nase, dicken, aber nicht hervorstehenden Lippen, schwachem Bart, lebhaften dunklen Augen, gelocktem aber nie wolligem Haar und von tiefer Bronzefarbe der Haut. Die eingewanderten Araber, der Hautfarbe nach oft kaum von den Nubiern zu unterscheiden, sind von höherem Wuchse, vorstehender Stirn, der Mund ist proportioniert, niemals mit aufgeworfenen Lippen, ziemlich starkem Bart, wenig oder gar nicht gelocktem Haupthaar. Ihre Beschäftigung bildet, wie bei ihren Voreltern, die Viehzucht.

Die Notwendigkeit, Weideplätze für ihre Herden aufzusuchen, macht sie zu Nomaden, welche in leichten Zelten

hausen. Diese Zelte werden aus Matten, die aus der
Bastfaser der Dumpalme (Hyphaena thebaica) geflochten
sind und über einige Stangen gebunden werden, errichtet.
Wird das Lager gewechselt, so bringen die Beduinen alles
auf den Rücken ihrer Kamele und ziehen mit Weib und
Kindern nach dem nächsten Weideplatz. Diese Nomaden
sind ein unbotmäßiges, freiheitliebendes Volk, jede regel=
mäßige Arbeit, Feldbau, verachtend, feindlich jeder regel=
mäßigen Besteuerung, aber der patriarchalischen Leitung
ihrer Schechs ergeben, in ihren Grundsätzen überaus kon
servativ. Die Brunnen, an denen ihre Vorfahren vor
Hunderten von Jahren ihre Herden tränkten, sind dieselben,
zu denen sie heute ihre Tiere treiben. Doch würden auch
die Beduinen seßhaft werden, wenn sie in den Besitz frucht=
baren Bodens und hinlänglicher Bewässerungseinrichtungen
gelangten, welche ihnen den Unterhalt ihres Viehes ermög=
lichen würden; denn sie führen ja nur durch die Not=
wendigkeit getrieben ein wanderndes Leben. Die dürftige
Vegetation der Wüstensteppe bietet den Tieren nur eine
geringe Nahrung, es ist daher ein enormes Gebiet zum
Unterhalt großer Kamelherden, Rinder, Ziegen und Schafe
nötig, dem einzigen Besitz dieser Stämme. Im Nilthale
selbst, in Oberägypten sowohl als in Nubien, wie an den
fruchtbaren Ufern der zahlreichen Flüsse, welche vom
abessinischen Hochlande ihren Abfluß gegen den Nil nehmen,
haben sich Araber als Ackerbauer niedergelassen und leben
als Fellahin inmitten der Bodenbebauer anderer Abstamm=
ung, so z. B. die Ababde, welche, obzwar sie ihre Ab=
stammung von arabischen Einwanderern ableiten und
arabisch sprechen, von vielen Autoren zu dem Bedjavolke
(Bischari, Hadendoa rc.) gezählt werden. Sie haben ihre
Weiden östlich vom Nil, von der Breite von Qeneh nach
Kosseir nach dem Süden zu in dem Landstrich, welcher

Etbai genannt wird. Es sind ihrer viele in den Dörfern am östlichen Nilufer von Deneh bis Affuan als ruhige Feldarbeiter zu finden, ebenso die einst so kriegerischen und unruhigen Schaigie, welche an beiden Nilufern von Meraui und Ambukol an der Bajudasteppe feste Wohnsitze bezogen. Eine allmähliche Seßhaftmachung der nomadisierenden Araber wäre eine von Pflicht und Politik, eigenem Nutzen und Interesse gebotene Aufgabe einer Verwaltung, die frei von der Korruption und den Mißbräuchen ist, welche die wahre Ursache des jetzigen Aufstandes sind.

Die geographische Verteilung der Hauptstämme, welche die Nilländer zwischen dem 24. und dem 10. Breitengrade bewohnen, kann hier nur im allgemeinen gegeben werden; an der Hand einer Karte wird es leicht sein, die Gruppierung vorzunehmen. In der Breite von Affuan bis zum Roten Meer, nach Süden zu, in den Bergen am Nilthale und in der Nubischen Wüste von Korosko nach Abu Hammed und von dort bis nach Berber haben die Ababde ihre Sitze und Weideplätze. Die Handelsstraße von Berber nach Korosko wird ausschließlich von Karawanen von Kamelen der Ababde durchzogen. Substämme der Ababde sind: die Fokara, El Aschabat und El Meleykab. Neben den Ababde nach Osten in den Bergen am Roten Meer und den Steppen bis in die Breite von Suakin-Berber finden wir die Bischari, welche sich bis zum Brunnen Kokreb auf der Handelsstraße, die von Suakin nach Berber führt, verbreiten. Dieser Stamm spricht eine eigene, afrikanische Sprache, das Bedawi, die Bedjasprache. Die Bischari sind aller Wahrscheinlichkeit, wie schon gesagt, direkte, wenig vermischte Nachkommen der Aethiopier (Kuschiten). Die Bischarifrauen erinnern lebhaft an die Abessinierinnen, denen ihre Gesichtszüge gleichen, doch sind sie durchschnittlich höher gewachsen und von dunkler Hautfarbe. Die

Ababde. Nach Photographie von R. Buchta.

Männer, besonders die jungen, zeichnen sich durch wahrhaft klassisch schöne Körperformen aus, ein Vorzug, den auch die jungen Männer der Hadendoa und Schukuri mit ihnen teilen, während ihnen an schöner Kopfbildung und feinem Gesichtsschnitt die Ababdejünglinge den Vorrang ablaufen. Die Bischari teilen sich wieder in eine Anzahl von Unterstämmen (Cabëil, Sing. Cabíle), von denen ich hier die hauptsächlichsten anführen will: Hammeydab, Batra, Alyab, Amerab, Kamhetab, Hambora, Jriab, Haz u. s. w. Jeder von denselben wohnt in besonderen Zeltlagern. Oestliche und zumeist südliche Nachbarn der Bischari sind die Hadendoa, welche vom Brunnen Kokreb bis nach Suakin, zwischen dem Atbara, Chor el Gasch, dem Chor Barka und der Landschaft Taka ihre Weideländer haben. Die Hadendoa sind ein zahlreicher und sehr kriegerischer Stamm, sie und ihre südöstlichen Nachbarn, die Beni Amer, bilden die Scharen Osman Digmas, welche den Engländern gegenüberstehen. Taka, dessen Hauptstadt Kassala eine der stärksten Garnisonen der Aegypter bildet, ist außer von den Hadendoa noch von den Melikinab, den Segollo und den Hallenga bewohnt. Diese Stämme sind Angehörige der großen Bedja-Familie, der heutigen Bezeichnung der kuschitischen Stämme (Lepsius, Nubische Grammatik). Dieser sind auch die Schukuri zuzuzählen, welche in dem ausgebreiteten Lande zwischen Atbara und dem Bahr el azrak, dem Blauen Nil, von Chartum nach Goz Regeb und südlich bis nach Suk Abu Sin 14⁰ n. Br. wohnen; ihr Schech Auad el Kerim, welcher auch in dem Aufstande eine eingreifende Rolle spielte, hat in Rufa am Blauen Fluß seine Residenz. In Cedaref zwischen dem Atbara und dem Rahat neben den Schukuri finden wir die Dabaina, längs des linken Rahatufers die Coahel, zwischen Dender und Blauen Nil die Hamabab, im südlichen Sennar die Abu Roof. Die

Wohnsitze der Abu Roof reichen bis an die Negerdörfer der Berta in Dar Fazogl. Am mittleren Mareb wohnt der Stamm der Runama und am Setit die Homran-Araber. Die Bewohner der Gezireh Sennar sind Abkömmlinge der ebenfalls der Bedjafamilie zugehörigen Fung, welche daselbst ein Reich gründeten, das in seiner Blutezeit seine Grenzen bis nach Darfur und an den ersten Nilkatarakt ausdehnte. Aber obwohl die Nachbarn so oft engverwandten Stämmen angehörten, waren bis zur Zeit der Eroberung des Sudan durch Mehemet Ali und auch darüber hinaus blutige Streitigkeiten, Raubzüge in die Gebiete der jeweilig Schwächeren, Ueberfälle der Karawanen, man kann sagen an der Tagesordnung. Mögen die Berichte aus älterer oder neuerer Zeit herrühren, welche wir über die uns hier beschäftigenden Länder nachlesen, immer werden wir von Raub und Krieg hören.

II.

Der Mahdi Mohamed Achmed.

Geschichte des Aufstandes.

Die alten Zustände, wie sie vor 60 Jahren herrschten, ehe der ägyptische Pascha seine Türken und Albanesen nach dem Sudan schickte, diese können nicht wieder hergestellt werden, ohne diese Länder einem ununterbrochenen Bürgerkrieg preiszugeben; denn die Herrschaft der Aegypter hat die Sitten der Nubier und der Araber wahrlich nicht zum Besseren gezogen. So lange eine eiserne Faust über sie ausgestreckt war, konnten sie niedergehalten werden, eine Versöhnung derselben mit den veränderten Verhältnissen, durch eine kluge, die Interessen der Bevölkerung wahrnehmende Verwaltung kam den Paschawats, welche in Chartum als Hokmdars saßen, nie in den Sinn und selbst als Gordon dem armen, ausgesaugten, von der verrotteten Beamtenwelt systematisch zu grunde gerichteten Volke eine neue Zeit menschenfreundlicher Behandlung eröffnete, trug er unwillkürlich dazu bei, die Bande zu lockern, welche alle diese Stämme gewaltsam zusammenhielten. Das Bestreben, allen möglichst schnell gerecht zu werden, ließ Gordon, welcher die Verhältnisse selbst erst kennen lernen mußte, viele Anordnungen treffen, welche sich als unausführbar erwiesen, insbesondere da es ihm an Beamten fehlte, welche die Fähigkeit und vor allen Dingen den guten Willen hatten, seine Befehle auszuführen. Er sah sich gezwungen, vieles wieder niederzureißen, was er kaum begonnen, aufzubauen und so kam es, daß trotz der besten Intentionen und einer aufopfernden fieberhaften Thätigkeit seine Maßregeln nur mehr oder minder mißlungene Experimente blieben.

Als die europäischen Mächte den großen Fehler begingen, den Khedive Ismael Pascha zu depossedieren und Gordon hiedurch in Kairo die rückhaltslose Unterstützung verlor, welche ihm Ismael stets angedeihen ließ, legte er, enttäuscht und an seiner Mission verzweifelnd, sein Amt nieder, das er mit einer Selbstlosigkeit verwaltet, die bei den Sudanesen Befremden und zweifelndes Staunen hervorrief, bis die Nachfolger Gordons den Verlust, welchen die armen Völker erlitten, durch den Wiederbeginn des alten Systems diesen klar machten. Die Steuerschraube arbeitete wieder mit Hochdruck, man nannte es Einführung von Sparsamkeit in den Staatshaushalt. Raouf Pascha, Gordons unmittelbarer Nachfolger, hatte auch schon in einem Jahre den Staatssäckel gefüllt und sah seine eigene Zukunft im rosigen Lichte, als das Auftreten des Mahdi das schwanke Gebäude niederriß.

Mohamed Achmed ist vor etwa 40 Jahren in Dongola geboren, ein schlanker, gut gewachsener Mann von tief brauner Gesichtsfarbe, ein echter Nubier und kein Araber. Er lebte in seinen jüngeren Jahren im Vereine mit seinen Brüdern als Schiffszimmermann in Chartum. Von dem Wunsche getrieben, ein Faki zu werden, lernte er als schon Erwachsener lesen und schreiben, hielt dann selbst eine Zeit lang in Chartum oder der dieser Stadt gegenüber liegenden Insel Tuti eine kleine Schule und ging hierauf in die Gegend von Tamaniat, 50 Km. nördlich von Chartum, woselbst er sich als Fakih niederließ. Das Lernen in den Schulen beschränkt sich auf Lesen und Schreiben, dem Auswendiglernen so vieler Koran=Suren als möglich, dazu kommen etwa noch einige Gebetbücher und allenfalls, wenn es weit geht, Koranauslegungen. Die Fokaha (Plur. von Fakih) lernen als wesentliche Kenntnis das Geheimnis, Amuletts zu schreiben, dem sie zumeist ihren Einfluß auf die überaus abergläubischen Nubier verdanken. Die Amuletts werden zum Schutze vor Krankheit von Menschen und Tieren getragen und können auch stich= und kugelfest machen. Ein Liebes=Amulett muß dem Träger unfehlbar die Gunst aller Frauen und Mädchen zuziehen. Auch glauben die Nubier, daß ein guter, kennt= nisreicher Fakih Regen und schön Wetter in seiner Gewalt hat. Nichts kann den Rechtgläubigen, d. h. recht Aber= gläubigen, dazu bringen, gegen einen solchen heiligen Mann feindlich aufzutreten, dessen geheimnisvolle Macht er so sehr fürchtet. Die Fokaha enthalten sich wenigstens öffent= lich aller Ausschweifungen, sie trinken keine Buza, Bier, rauchen keinen Tabak und bringen einen großen Teil ihrer Zeit mit dem Lesen und Reziticren des Korans zu. Und da der Koran für den Islam nicht nur religiöses, sondern auch das höchste, ja ausschließliche bürgerliche Gesetzbuch ist, so erstreckt sich der Einfluß eines Koranauslegers auf alle Schichten und alle Verhältnisse der Bevölkerung. Die Größe dieses Einflusses hängt von dem Grade der Schlauheit ab und dem größeren oder geringeren Glauben des Volkes an die Gottgefälligkeit des Fakih, der gemeiniglich den Titel eines Schech, Aeltesten, führt. Schech Mohamed Achmed, welcher der meistens aus Schiffern bestehenden Verbrüderung der Kadirine, des Seyid Abd=el Kader el Djelani beigetreten, fand in Tamaniat einen älteren Be= rufsgenossen, den ebenfalls aus Dongola stammenden

Fakih Nur ed Din, der ihm, dem neuen Konkurrenten, bald bitter böse wurde, denn Mohamed Achmed war der schlauere der beiden und trat dem bisher einflußreichen Kollegen hindernd in den Weg, und darum blieb er auch nicht lange in Tamaniat, er siedelte nach dem Weißen Nil über und lebte teils auf der Insel Aba in 13° 20′ n. Br., teils in einem kleinen, am rechten Ufer etwas nördlicher gelegenen nach ihm benannten Dorfe, wo ihn Schreiber dieses besuchte.

Im Juli 1881 kam an den damaligen Hukmdar des Sudan, Raouf Pascha in Chartum die Meldung, daß der bis dahin unbekannte Schech Mohamed Achmed Briefe verschicke, in welchen er sich als der erwartete Mahdi erklärte und die Bewohner der Umgebung, Baggara-Araber, ja selbst die Provinzgouverneure aufforderte, an seine Sendung zu glauben und seine Anordnungen zu befolgen. Einer dieser Briefe hatte folgende Fassung: „Bism Illah er Rachman er Rahim! Im Namen Gottes des Gnädigen und Barmherzigen, Lob sei dem großmüthigen Herrscher und Segen auf unsern Herrn (Sajdna) Mohamed und auf sein Geschlecht. Und dieses ist gesandt vom Diener seines Herrn, von Mohamed dem Mahdi, Sohn des Seid Abd Allah, an seine geliebten Freunde in Gott und an alle, die ihm folgen und beistehen zur Wiederaufrichtung und zum Siege des Glaubens; und was ich Euch wissen lasse, o Freunde, daß Gott, er sei gelobt und verherrlicht, in seinem einzigen Buche (Koran) gesagt hat: O Ihr die da glaubet, soll ich Euch zeigen einen Handel, der Euch retten wird von großen Qualen, nun so glaubet an Gott und an seinen Abgesandten und führt den Krieg auf dem Wege des Herrn, mit Eurer Habe und Euren Leibern, und Eure Folgsamkeit wird Euch Segen bringen, wenn Ihr es nur lernen wolltet! Und wenn ihr dies verstanden und dies festhaltet, so wisset, daß Gott mich berufen hat zum Chalifat und daß der Profet, Herr des Lebens, Gott segne ihn, verkündet hat, daß ich der erwartete Mahdi sei, und mich gesetzt hat auf seinen Stuhl über die Fürsten und Edlen. Und Gott hat mich unterstützt mit seinen Engeln und mit den Profeten und den Erwählten und desgleichen mit den Gläubigen unter den Dschinns (Genien, Dämonen, ein Teil derselben hat nach dem Glauben der Araber den Islam angenommen). Und er hat auch gesagt: Gott hat Dir Zeichen Deiner Sendung gesetzt und diese sind die Warzen auf der rechten Wange, und noch ein anderes Zeichen gab er mir und dieses ist: daß aus dem Lichte eine Fahne erscheint, welche mit mir ist in der Stunde des Kampfes und getragen wird vom Engel Azrael, Gott segne ihn! Und er hat mich auch wissen lassen, daß, wer an meiner Sendung zweifelt, nicht an Gott noch an seinen Profeten glaube, daß, wer mich anfeindet, ein Ungläubiger ist und wer mir den Krieg macht, trostlos und verlassen sein wird in beiden Wohnstätten (im Himmel wie auf Erden) und daß seine Güter und seine Kinder eine gute Beute sind für den Gläubigen. Wählet was bei Gott ist mit freudigem Willen und reiner Ergebung, denn es gibt keine Gewalt und keine Kraft als bei Gott dem Erhabenen, dem Großen und Allmächtigen. Der Friede sei mit Euch!"

Raouf Pascha sandte auf die Meldung von der durch dieses Auftreten des Fakih hervorgebrachten Aufregung der Bevölkerung am 6. August 1881 den Mauhn der Hokmdarie, den aus der Zeit Sir Samuel Bakers übel berufenen Abu Saud, ab mit dem Auftrag, den Fakih nach Chartum zu bringen. Am 9. August wieder nach Chartum zurückgekommen, gab er folgenden Bericht an den Generalgouverneur: Ich kam nach Aba und fand dort den

Mohamed Achmed mit einer Umgebung von 500 bis 600 Mann, alle mit Eisenketten umgurtet und mit gezogenen breiten Schwertern um den Profeten stehend, der auf einem erhöhten Posten saß, mit einem Stabe in der Rechten. Als ich ihn fragte, was er denn eigentlich wolle, sprach er von seiner Mission und der Erscheinung des Profeten Mohamed, welcher ihn als Mahdi berief. Ich antwortete ihm, daß ich und die Regierung ja ebenso islamitisch sei als er selbst; er aber verneinte dies, weil wir duldeten, daß die Christen Kirchen hätten, ja sie sogar beschützten, und die Regierung überdies Steuern eintreibe. Als ich ihm riet, sich nicht gegen die Regierung aufzulehnen und sich zu ergeben, da er derselben gegenüber nichts machen könne, weil sie über Soldaten, Hinterlader, Kanonen und Dampfschiffe verfüge, sagte er: Wenn die Soldaten auf mich und meine Anhänger schießen, so werden uns die Kugeln kein Leid thun, und wenn ihr mit den Dampfschiffen kommt, werden diese mit den Kanonen versinken". Unverrichteter Dinge kehrte daher Abu Saud zurück, da er ungeschickter Weise den Antrag der Bruder Mohamed Achmeds, diesen nach Chartum zu bringen und Bürgschaft für sein Verhalten zu leisten, ablehnte; Abu Saud wollte es nur mit Mohamed Achmed selbst zu thun haben. Raouf Pascha mußte, obwohl zögernd, sich entschließen, ernstlicher vorzugehen. Es wurde der Befehl zur Einschiffung einer kleinen Expedition gegeben, 300 Mann Infanterie nebst einer Kanone, eine mehr als genügende Macht, den Aufstand im Keim zu unterdrücken, wenn diese Expedition, sowie alle folgenden, an dem Erbübel ägyptischer Truppen, dem Mangel jeglicher Disziplin, nicht zu leiden gehabt hätte. Drei Männer stritten sich um das Kommando der kleinen Schar, jeder im guten Glauben seines Rechtes, der eine weil er eine Soria (Kebsweib) des Generalgouverneurs zur Frau genommen und von diesem sich besonders protegiert glaubte, der andere ein Jusz=baschi Ibrahim Effendi, weil er der rangälteste Offizier war, und endlich Abu Saud, welcher den Befehl beanspruchte, weil er bereits in früherer Sendung beim Mahdi war. Die Un= einigkeit der drei Befehlshaber begann schon vor der Ein= schiffung der Truppen in Chartum, sie stritten auf dem Wege weiter; bei dem Dorfe Mohamed Achmeds ange= kommen, wurde neuerdings gestritten, ob die Landung bei Tag oder Nacht erfolgen solle. Die Art und Weise, wie man gleich anfangs gegen den Mahdi vorging, ist zu bezeichnend auch für die folgenden Ereignisse, um das Ein= gehen in Details zu rechtfertigen. Nachdem man sich für eine Landung bei Tagesanbruch entschieden, wurde ein Häuflein Truppen etwa einen Kilometer nördlich von dem Dorfe an Land gebracht, ordnungslos, einer nach dem andern herlaufend, zogen sie, den Offizier Ali Effendi an der Spitze, dahin. Der Offizier erblickt einen Mann, der umgeben von mehreren Arabern, den Anmarsch der Soldaten aufmerksam verfolgt und glaubt Mohamed Achmed vor sich zu haben; hastig den Erfolg für sich zu sichern, geht er auf diesen Mann zu, fragt ihn warum er Unruhe und Aufregung verursache, und ohne auch nur auf eine Antwort zu warten, schießt er ihn nieder.

Er hatte sich aber geirrt, es war nicht Mohamed Achmed, den er tötete. In den nächsten Augenblicken waren aber die Soldaten, welche Ali Effendi eben bei sich hatte, mit ihm niedergemacht; ein gleiches Schicksal ereilte die in kleinen Trupps herankommenden übrigen, welche sich geradezu weigerten, auf die heiligen Männer zu schießen. Die Heiligen aber stachen an 130 der Soldaten nieder, der Rest warf seine Flinten weg und floh. Der Kanonier, welcher von dem Dampfer, der indessen bis an das Dorf herangefahren war, den Mahdi beschießen sollte, welcher wenige Meter entfernt zu Pferde am Ufer hielt, verlor im Angesicht des Mahdi alle Fassung und allen Mut, konnte weder Pulver noch Kugel finden, als er endlich nach ängstlichem Hin- und Herlaufen geladen hatte, schoß er in die Luft! Mohamed Achmed wandte sein Pferd, ritt ruhig davon und Abu Saud kehrte mit den Soldaten, die ihr Heil in der Flucht gefunden, nach Chartum zurück. Dies war der erste Erfolg, den die ägyptischen Truppen dem Mahdi bereitet, welcher auch sogleich seinen Anhang außerordentlich vermehrte.

Nach dem jämmerlichen Mißerfolg, den Abu Saud gegen den Mahdi erlitten, erhielt der Mudir (Gouverneur) von Kordofan den Befehl, einige Kompagnien der regulären Truppen auszurüsten und mit denselben nach Duem am Weißen Nil zu marschieren, um Mohamed Achmed unschädlich zu machen. Aber dieser, die drohende Gefahr erkennend, fühlte sich in seinem Dorfe nicht mehr sicher, zog mit den bereits nach Hunderten zählenden Anhängern nach den Talale-Gebirgen und setzte sich am Gebel Gedir (nordwestlich von Faschoda) fest. Die feindlichen Parteien lagerten eine Nacht so nahe beieinander, daß die Aufständischen, welche sich klugerweise vollkommen still verhielten, die Signale der ägyptischen Truppen deutlich hören konnten. Mohamed Said Pascha, der Mudir, ein wenig mutiger, abergläubischer Altturke, fand das Nest leer, nicht zu seinem Mißvergnügen. Denn, statt den Mahdi aufzusuchen und in seinem Schlupfwinkel abzufangen, kehrte er mit seinen Truppen, nachdem er einen Monat lang bei Dawa lampiert, ruhig wieder nach Kordofan zurück. Die zur Zeit eingetretene Nil-Ueberschwemmung gab ihm den willkommenen Vorwand zum Rückzuge.

Thaten- und kriegslustiger als Mohamed Said, sammelte der Mudir von Faschoda, ein Kurde, Raschid-Bei, 400 Mann regulärer Truppen und zog mit diesen und etwa 1000 Schillufnegern, welche ihr Mek (König) Kaikun-Bei führte, auf eigene Faust — er hatte zweimal in Chartum um Erlaubnis hiezu nachgesucht — gegen den Befehl der Chartumer Behörden sogar, nach dem Gebel Gedir, um den Mahdi zu vernichten. Dieser Expedition schloß sich auch der in Faschoda als Sklaven-Inspektor stationierte Deutsche Karl Berghoff an und teilte ihr trauriges Schicksal. Die Sorglosigkeit und Unordnung, welche im Lager Raschid-Beis herrschte, wie überall im Sudan, die Unterschätzung des Feindes, rächte sich durch eine völlige Niederlage, durch fast vollständige Vernichtung. Nach viertägigem Marsche erreichte Raschid-Bei am 8. Dezember 1881 den Gebel Gedir. Er ging alsbald zum Angriff vor; in dem kurzen, hitzigen Gefechte wurden nun fast sämtliche Truppen, sowie die Mehrzahl der Schilluk von den berittenen Baggara mit Lanzen niedergestochen. Raschid, Karl Berghoff, Kaikun der Schillukkönig, sämtliche Offiziere fielen. Reiche Beute an Remingtongewehren, Munition und Proviant fiel dem Mahdi zu. Nur wenige entflohen und brachten die Trauerbotschaft nach Faschoda, welches nun einem Handstreich des Mahdi offen stand und woselbst nach Bekanntgebung der Niederlage die über den Tod ihres Häuptlings erbitterten Schilluk mit einem Aufstand drohten.

Zu der Zeit, als die Nachricht von der Niederlage Raschid-Beis nach Chartum kam, wurde der Generalgouverneur durch eine ganze Reihe von Hiobsbotschaften in Verlegenheit gesetzt. Slatin-Bei, der Gouverneur von Darfur, hatte alle Hände voll mit einer in diesem Lande ausgebrochenen Erhebung zu thun, die Abu Roof in Sennar, die Doabla am Blauen Fluß, die Risegat am

Bahr el Arab, die Mababisch im Norden Kordofans, die Bischari um Berber, alle waren in Erregung und bereit, jeden Tag loszuschlagen. Ehe noch Raouf Pascha, der Generalgouverneur etwas angeordnet, kam seine Abberufung aus Kairo und die Ernennung Abd-el-Kader Paschas zu seinem Nachfolger. In Kairo wurde ein eigenes Ministerium für den Sudan geschaffen; Abb-el-Kader nahm den Titel eines Ministers an und betraute bis zu seiner Ankunft in Chartum den seit Gordon Pascha als Vizegouverneur, Belil el Hofmbarie, fungierenden Giegler Pascha (einen Bayer) mit der Zwischenregierung. Nach Einlauf eines umfangreichen Rapports Gieglers, in welchem von der bedenklichen Lage kein Hehl gemacht wurde, gab Abd-el-Kader den Befehl zur Ausrüstung einer neuen und genügend starken Expedition. Diese neue Expedition wurde von zwei Zentralstellen ausgerüstet und sollte einen kombinierten Vormarsch und Angriff gegen den Mahdi ausführen. Den Kern dieser Macht bildeten die aus Kordofan und Darfur zusammengezogenen regulären ägyptischen Truppen, zu denen einige Kompagnien aus Chartum mit etwa 1500 Irregulären, Baschibozuks rc. kamen. Diese Irregulären wurden unter den von Gordon entlassenen Choterieh, Dongolanern und den regierungstreuen Araberstämmen, hauptsächlich den stets kriegerischen Mut beweisenden Schaigie angeworben, und durch Vorausbezahlung eines mehrmonatlichen Soldes in gute Stimmung gebracht. Ihr Befehlshaber war Mohamed Bei Soliman el Schaigie; zum Oberkommandanten der gesamten aus den 13 Kompagnien Regulärer und den 1500 Irregulärer bestehenden Armee wurde der Mudir von Sennar, Jussuf Pascha ernannt, ein Dongolaner, Hauptsklavenhändler, der Mörder des Monbuttu-Sultans Munza. Er hatte im Aufstande des Soliman Ibn Zibe'r unter Gessi die Aegypter geführt und teilte mit Gessi die

Lorbeeren des Sieges. Gleichzeitig mit dem Abmarsche der Truppen von Kordofan nach Gebel Gedir ging Jussuf Pascha Mitte März 1882 mit den Chartumer Streitkräften in Dampfschiffen den Nil aufwärts. Die Truppen waren vorzüglich bewaffnet und verproviantiert. Mehr als 1000 Lastkamele zogen von Kordofan mit in das Feld. Giegler Pascha hatte keine Mühe gespart, um die Expedition feldtüchtig auszurüsten und sowohl den Offizieren wie der Mannschaft die Wichtigkeit ihrer Unternehmung, Ordnung und Wachsamkeit an das Herz gelegt, da es die nun bekannte Taktik des Mahdi war, die Truppen vor Tagesanbruch zu überraschen, wozu die unbeschreibliche, an den Glauben an „Nesib", das Fatum, erklärliche Sorglosigkeit der ägyptischen Truppen genügende Gelegenheit gab.

Kaum war Jussuf Pascha mit seiner Armee aus Chartum ausgezogen und noch nicht über Daiwa oberhalb Duem gekommen, als an 500 Dongolaner mit ihrem Sold in der Tasche, mit Waffen und Munition alsbald zum Mahdi, ihrem Landsmann, desertierten.

III.

Der Aufstand im Sennar.

Am 6. April 1882 meldete eine Depesche des Mudirs von Sennar an den Vizegouverneur die Bedrohung der Stadt durch mehrere 1000 Baggara, welche von einem Verwandten des Mahdi, dem Schech Amr el Makaschef geführt wurden. Der Bruder dieses, der Häuptling Achmed el Makaschef, war einer der bedeutendsten Anhänger Mohamed Achmeds und mit diesem am Gebel Gedir. Diese Nachricht, völlig unerwartet, brachte in Chartum Schrecken hervor. Man wiegte sich in dem sicheren Glauben, daß die Bewegung sich auf die südlichen Gegenden von Kordofan beschränke und daß eine Verbreitung derselben nach der Gesireh Sennar, der reichsten und wichtigsten der Sudanprovinzen, der Kornkammer Chartums, durchaus nicht zu befürchten sei. In diesem sicheren Gefühle hatte der Gouverneur die Hauptstadt selbst von Truppen fast ganz entblößt; die leitenden Personen verkannten selbst noch zu dieser Zeit den Charakter des Aufstandes und verschlossen sich hartnäckig der Erkenntnis, daß fast die gesamte Bevölkerung der nicht von Negern bewohnten Mudirien in erbitterter Aufregung war. Konsul M. Hansal, ein durch mehr als zwanzigjährigen Aufenthalt in Chartum mit den Verhältnissen auf das genaueste vertrauter Gewährsmann, schrieb damals:

„Die Hintertreibung des Sklavenhandels, die Monopolisier=
ung der wichtigsten Handelsartikel, die allgemeine Geschäfts=
losigkeit, die barbarische Behandlung der Rajahs durch die
Exekutivorgane, das sind die Hebel, welche die Völker zum
Aufstande treiben. Die jetzige Revolution entspringt nicht
so sehr religiösem Fanatismus, als vielmehr dem a l l g e =
m e i n e n U n w i l l e n g e g e n d i e L a n d e s o b r i g k e i t."
Hussein Bei Schukri, der Mudir von Sennar, erbat
von Giegler Pascha die Erlaubnis, die Rebellen angreifen
zu dürfen, was ihm auf seine Versicherung, mit der
Garnison den Aufständischen völlig gewachsen zu sein,
auch telegraphisch bewilligt wurde. Bei Tagesanbruch
fand der Ausfall der Garnison statt, welche von den
Baggara geschlagen wurde; die Rebellen drangen, die
Soldaten vor sich hertreibend, in die Stadt ein und
richteten in derselben ein Blutbad an. Außer vielen Ein=
wohnern wurden 14 fremde Kaufleute, 9 Offiziere und
über 100 Soldaten getötet. Die Baggara verwüsteten,
raubten und plünderten die Stadt, mußten aber vor den
Regierungsgebäuden, der Mudirie' und Kaserne Halt
machen, von deren Dach die Truppen die heranstürmenden
Araber, welche ohnedies durch das Gewehrfeuer starke
Verluste erlitten hatten, durch gut genährte Salven be=
schossen. Hart neben der in der nächsten Umgebung der
Kaserne gelegenen Mudirie', aus welcher die Archive,
Geld und Wertobjekte in die Kaserne gerettet wurden, be=
findet sich das Telegraphenamt. In Chartum konnte der
Vizegouverneur ein getreues Bild des Vordringens der
Araber aus den Meldungen des bis zum letzten Augen=
blick pflichttreu ausharrenden Telegraphenbeamten gewinnen,
welcher von Minute zu Minute Botschaft gab: Jetzt kommen
sie in die und die Straße, sie stechen den und den Beamten
oder Kaufmann nieder, jetzt bringen sie in den Hof der

Mudirie', sie plundern die Stadt ꝛc. Plötzlich hört jede Meldung auf, die Araber hatten sich des Telegraphenamtes bemächtigt, die Apparate zerschlagen, die Leitung zerstört. Zu dieser Unglücksbotschaft kamen Nachrichten von einer drohenden Revolte der Schilluk, von Unruhen in Darfur, welche Slatin-Bei, dem dortigen Gouverneur, ernste Schwierigkeiten bereiteten. Durch die brieflichen Mitteilungen, welche nach Unterbrechung des Telegraphen aus Sennar nach Chartum kamen, wurde die ohnedies schon trübe und ängstliche Stimmung in dieser Stadt nicht zum Besseren gehoben. Fünf in Sennar ansässige Griechen suchten sich mit ihrem Gelde vor der Invasion auf Schiffen zu retten und fuhren stromabwärts. Die Uferbewohner, Quahlas, kaperten und verbrannten die Schiffe und mordeten die Insassen. Alle von Karkodj mit Getreide herabfahrenden Barken wurden aufgegriffen und beraubt. Nach einem am 12. April von Messalamia an den griechischen Konsul in Chartum adressierten Brief standen die Araber nur ein und einen halben Tagmarsch von jenem Ort. Die Ortsbehörden telegraphierten um Soldaten und Munition, die Kaufleute rüsteten sich zur Flucht. Die Gouvernementskanzlei glaubte im Interesse der Beruhigung alle Ursache zu einer Beunruhigung ableugnen zu müssen, und selbst der Absendung von Telegrammen der Konsuln in Chartum nach Kairo wurden Schwierigkeiten bereitet, da Giegler Pascha hoffte, durch energisches Vorgehen baldigst Ruhe zu schaffen. Seine Erwartungen wurden vorerst getäuscht.

Giegler Pascha dirigierte sofort 6 Kompagnien regulärer Truppen aus Qalabat nach Abu Harras am Blauen Nil; in Chartum selbst wurde in aller Eile ein Korps Baschibozuks unter dem Sandschak Juffuf el Melek gebildet und eine von der gegen den Mahdi ausgeschickten Armee Juffuf Paschas in Qaiwa zurückgebliebene Abteilung

Irregulärer, 270 Schaiqie unter Sandschak Salah Aga el Mek, beordert, direkt auf Sennar zu marschieren. Am 15. April fuhr Giegler Pascha mit zwei Dampfschiffen und 200 Soldaten der Chartumer Garnison nach Sennar.

Unterdessen aber mußte Karkodj, 95 Km. oberhalb Sennar, kapitulieren. Die Bewohner entzogen sich durch Bezahlung einer Kontribution von mehreren 1000 Thalern der Plünderung und um vor den fanatisierten Horden ihr Leben zu retten, nahmen die Kaufleute, Griechen und Juden, dem Scheine nach den Islam an und zogen als Derwische gekleidet in Prozession durch die Stadt, dabei das islamitische Glaubensbekenntnis variierend: „La Illâh illa Allâh wa Mohamed Achmed mahdi Allâh!" (Es gibt keinen Gott als Gott allein und Mohamed Achmed ist sein Mahdi.) statt: „La Illâh illa Allâh wa Mohamed rassul Allah!" (und Mohamed ist sein Prophet). (Brief des Missionars P. Johann Dichtl.) In Chartum stieg die Beängstigung durch allerlei Gerüchte immer höher, so daß die daselbst ansässigen Europäer unter Leitung ihrer Konsuln Maßregeln der Verteidigung vereinbarten und zu diesem Zweck beschlossen, das feste, rings von einer starken Mauer umgebene katholische Missionsgebäude in Verteidigungszustand zu stellen, um sich im Falle eines Aufstandes der zahlreichen verdächtigen Elemente in Chartum selbst oder aber eines Ueberfalles von außen in dasselbe zurückziehen zu können. Ein Telegramm des Mudirs von Kordofan meldete Gefechte, welche die von El Obeid nach dem Weißen Nil marschierenden Soldaten mit einzelnen Banden von Arabern in den Tagen vom 8. bis 14. April zu bestehen hatten. Es waren dies die nach dem Gebel Gedir kommandierten Truppen der Armee Jussuf Paschas. Ganz Kordofan war in Gährung, alle Straßen durch Räuber unsicher gemacht, die Telegraphenleitung zwischen Chartum und El Obeid mehrmals unterbrochen, die Post zwischen Kordofan und Darfur wiederholt ausgeraubt und schließlich mit der Zerstörung des nach Fodscha führenden Drahtes jede direkte Kommunikation Darfurs mit Chartum unmöglich gemacht, wie auch seit diesen Tagen (Juni 1882) bis heute jeder Verkehr mit Darfur unterblieb. In El Obeid herrschte wochenlang panischer Schrecken, die Läden wurden geschlossen, die Häuser verbarrikadiert und die Bewohner waren zur äußersten Verteidigung bereit.

Inzwischen war in einem Dorfe drei Stunden nördlich von Abu Harras, in Mohamed Aschera, ein Scherif namens Mohamed Taba aufgetreten, welcher sich Bezir el Mahdi benannte, von dem falschen Propheten als Zeichen seiner Bevollmächtigung ein Schwert erhalten hatte und die Gegend nun seinerseits revoltierte. Er war es, der Messalamia bedroht hatte. Scherif, im Plur. Schorafa oder Schurfa, wörtlich: Edle, nennen sich die sehr zahlreichen Prätendenten einer Abstammung von des Propheten Mohamed Familie selbst, oder aber auch von einer Kalifenfamilie, wie z. B. die Schurfa mim bani Abbas, welche behaupten, der Abassiden-Dynastie abzustammen. Die Schurfa tragen gewöhnlich einen grünen Turban; grün: die Farbe des Propheten. — Vor dem zwei Stunden landeinwärts vom Flusse gelegenen Dorfe mit seinen Truppen angekommen, ließ Giegler Pascha den Scherif auffordern, sich zu stellen und seine Agitation zu verantworten. Die zurückgesandte Antwort lautete: „Ist der Pascha ein Christ, so ist er ein Ungläubiger und folglich unser Feind, ist er ein Turke, dann ist er ein Ketzer und erst recht unser Feind." Die 8 Soldaten, welche die Aufforderung überbracht hatten, wurden niedergemacht. Nun schickte Giegler den Sandschak Jussuf Aga el Melek mit 100 Soldaten und

50 Schaiqie, um den Scherif gewaltsam zu den Dampfern zu bringen. Die kleine Truppe wurde aber überwältigt, das schlecht formierte, lückenhafte Karré gesprengt und die Leute nach verzweifeltem Widerstande in wütendstem Handgemenge getötet. Jussuf Aga wurde mit Steinen erschlagen. Sogar die Weiber des Dorfes mischten sich in den Kampf; die jungen Mädchen zeichneten sich besonders durch megärenhafte Wildheit aus, zahlreiche Bißwunden an den Toten zeugten für ihre Kampfesart. Hier wie in allen bisherigen Kämpfen bedienten sich die Rebellen ausschließlich der Lanzen und Schwerter, von den erbeuteten Gewehren wurde kein Gebrauch gemacht: vielleicht aus Mangel an Patronen und der Unfähigkeit mit den Hinterladern umzugehen, wahrscheinlich wohl beider Ursachen wegen. Von den Derwischen und den Fokarah wurde das Gewehr als eine ketzerische Waffe geächtet, was nicht hinderte, daß später, als die Beute an Gewehren und an Munition enorm groß wurde und die ägyptischen Soldaten massenhaft zum Mahdi überliefen, diese Waffe in ihr mörderisches Recht auch in den Reihen der Aufständischen trat. Der Vizegouverneur sah sich genötigt, nach Abu Harras zu gehen und dort auf dem im Fluß verankerten Dampfer die Ankunft der Truppen aus Qalabat zu erwarten, welche anfangs Mai unter dem Befehle des neuernannten Mudirs von Sennar, Ali Kaschef, eintrafen, um die ganze Provinz Sennar von den Rebellen zu säubern. Vorerst, ehe zum Entsatz der von den Scharen des Amr el Makaschef belagerten Stadt Sennar vorgegangen werden konnte, mußte der Scherif Mohamed Taha unschädlich gemacht werden. Noch vor Ankunft der Truppen aus Qalabat, am 4. Mai, wurde der Scherif von einigen hundert berittener Schaiqie und einer Kanone attakiert, vernichtete aber von neuem die Angreifer. Sämtliche dreizehn Offiziere,

wurden getötet, als sie, ihre Reihen verlassend, sich um die bedrohte Kanone scharten, um diese zu verteidigen.

Diese Kämpfe beweisen, daß, so lange die Aegypter noch nicht an das Prophetentum des Mohamed Achmed und seine Unbesiegbarkeit glaubten, sie ganz tapfer und mutig kämpften. Die fortgesetzten Niederlagen mußten die ohnedies fatalistischen, schlecht geführten Soldaten demoralisieren, so daß sie schließlich die Flinte ins Korn warfen, oder aber in hellen Haufen zu den Rebellen übergingen.

Die Situation des Vize-Gouverneurs wurde eine höchst kritische. Die Ankunft Ali Kaschefs mit den Regulären und des Schukuri-Fürsten Schech Auad el Kerim mit 2500 Kämpfern seines Stammes, von welchen mehr als die Hälfte Berittene, befreite Giegler Pascha von den Besorgnissen, seinerseits von den Rebellen angegriffen zu werden. Auad el Kerim, seine sechs Söhne, seine Neffen, alle Edlen des Stammes kamen im Kettenpanzer, mit Arm- und Beinschienen, einen Stahlhelm auf dem Kopfe, mit den besten Vollblutpferden beritten, eine Schaar wie sie wohl die Zeiten der Kreuzzüge sahen, die aber in unseren Tagen, im neunzehnten Jahrhundert, unerwartet, merkwürdig und märchenhaft wirkten. Der Fürst begrüßte den ihm entgegenkommenden Pascha mit Kuß und Umarmung, und versicherte ihn seiner und seines Stammes Ergebenheit und Treue. Auad el Kerim hatte allerdings durch seine persönliche Freundschaft mit Giegler Pascha und durch die ihm in Chartum schon zu Gordons Zeiten erwiesene rücksichtsvolle Behandlung leichte Wahl.

Für den nächsten Tag wurde der neuerliche Angriff des Scherif beschlossen, nun mit einer mehrere Tausend zählenden Macht. Bei Tagesgrauen wurden die Truppen in Gefechtsordnung formiert, der Pascha und der greise Schukuri-Fürst hielten eine Ansprache an die Leute, riefen

Auad el Kerim, Großschech der Schuluri.
Nach Photographie von R. Buchta.

ihren Ehrgeiz wach und feuerten die beutelustigen, durch die Verluste der letzten Tage im höchsten Grade erbitterten Schaigie durch die Zusage des Erbeuteten an. Das Dorf des Scherif, Mohamed Aschera, liegt wie Abu Harras am rechten Ufer des Blauen Nil. Zwischen dem Dorfe und dem Flusse steht ein Wald; hart am linken Ufer gegenüber liegt eine kleine Zeriba (umzäunte Niederlassung), welche vom Sandschack Osman Aga, der mit Geworbenen aus der Gegend von Mesalamia angezogen kam, besetzt wurde, um die in der Nähe befindliche Fuhrt durch den Nil zu bewachen. Die regulären aus Dalabat gekommenen Truppen nahmen Aufstellung vor dem Dorfe, mit der Front gegen den Fluß; hinter ihnen hielt Auad el Kerîm mit seinen Panzerreitern und Schukuri, die Soldaten durch die kategorische Erklärung zum Aushalten zwingend, daß jeder derselben, welcher Kehrt machen wolle von den Schukuri-Lanzen niedergestochen werden würde. Der Scherif kam den Truppen an der Spitze Hunderter, laut betender und schreiender Derwische zu Pferde entgegen. Die Kugeln räumten gründlich auf; dreimal erneuerte sich der Ring von Derwischen, welche den Scherif wie ein Wall umgaben, die Leichen häuften sich übereinander, der Scherif blieb unverwundet, da ergriff die Soldaten abergläubische Furcht, sie riefen laut: And el Scherîf es sir er roçac! (Der Scherif hat den Kugelzauber; Er ist unverwundbar!) Ohne die drohend erhobenen Lanzen der Schukuri wären sie unfehlbar davon gelaufen. Um den Scherif häuften sich immer mehr Leichen, denn Alt und Jung, Weiber, Kinder ließen sich dezimieren, ohne einen Schritt zu weichen, in von Minute zu Minute gesteigertem religiösen Wahnsinn. Der Scherif wandte sein Pferd, um aus dem Leichenhaufen herauszukommen, da stolpert es, kommt ins Fallen, eine Kugel bringt dem vornüber gebeugten Scherif gerade vom Scheitel aus durch den Kopf. Nun ergreift die heilloseste Panik die Fanatiker; die Schaigie, erhitzt vom Kampfe, erbittert von den großen Verlusten der letzten Gefechte, richten unter den Fliehenden ein fürchterliches Blutbad an. Weder Weiber noch Kinder wurden geschont, trotz aller Bemühungen des Pascha, welcher das Weib und den Knaben des Scherif, die ergriffen wurden, auf seinen eigenen Armen nach dem Dampfschiff trägt, um sie vor der Wuth der Schaigie zu schützen. In einer Kubba, Grabdenkmal eines Heiligen, glaubten sich viele sicher, aber die Schaigie schossen durch die Thüre und die kleinen Fenster so lange hinein, als noch ein Laut herausdrang. In den Tockuls, Strohhütten, lagen Tote und Verwundete durch- und übereinander, alles wurde der Flamme überliefert. Diejenigen, welche nach dem Flusse stürzten, um sich zu retten, wurden von den Leuten Osman Agas niedergeschossen. Allein an achthundert wurden hier getötet. Die Leiche des Scherif, dem man den Kopf schon halb vom Rumpfe getrennt hatte, wurde auf einem Angareb mit Teppichen bedeckt, auf den Rücken eines Kameles gebunden und umringt von den herumgallopierenden, enthusiasmierten Panzerreitern mit tosendem Halloh vor den Pascha gebracht, nach seinem eigenen Ausspruch eine unbeschreibliche, aufregende, bei aller Wildheit hoch malerische Szene. Der Kopf des Scherif trat eine Rundreise in den Orten am Blauen Nil an, und wurde schließlich am Marktplatz in Chartum ausgesteckt. Giegler Pascha gieng nun mit ein paar Hundert Mann gegen Sennar, welches bereits durch Salah Aga befreit war.

Die von den Rebellen geschlagene Besatzung von Sennar zog sich, wie oben erzählt, nach der Kaserne in der Stadt zurück, diese der Plünderung der Horden Amr el Malascheschs preisgebend. In der Verwirrung und Demoralisierung des Augenblickes wären die Araber gewiß auch mit Erfolg in das Mudirie's-Gebäude und die Kaserne eingedrungen, wenn nicht die Verwundung ihres Führers sie zum Rückzug veranlaßt hätte. Diesem Umstande zunächst hatte Hussein Bei Schukri mit der Besatzung und einer großen Anzahl von Beamten, deren Weibern, Kaufleuten ꝛc. die Rettung zu danken. Einmal in der festen Kaserne geborgen, hielten die Soldaten von der Plattform des Daches aus die Rebellen auf Büchsenschußweite fern. Die Araber entzogen sich der Wirkung der Remingtonbüchsen, aber hielten die Kaserne und ihre Umgebung belagert. Die Belagerten mußten Tag und Nacht unter Waffen stehen. Dies währte so sieben Tage. Die Nachricht von der Einnahme Sennars durch die Rebellen verbreitete sich mit größter Eile im Lande und führte von neuem Tausende denselben zu. Nach glaubwürdigen Schätzungen sollen an vierzigtausend Menschen in und vor der Stadt gelagert haben. Die Kapitulation der Truppen und der sich vor den Rebellen Geretteten schien unabwendbar zu sein; diese Zuversicht erfüllte die Aufständischen, welche unablässig von Derwischen und Foqarah durch Verheißungen irdischer und himmlischer Güter exaltiert wurden. Da erschien Salah Aga mit seinem Häuflein Schaiqie vor der Stadt.

Die Araber waren über sein Verhalten in völligem Zweifel; es war ihnen nicht in den Sinn gekommen, daß eine telegraphische Kommunikation zwischen Khartum und dem Weißen Nil bestehe. Sie schickten Boten an Salah Aga und ließen ihn fragen, ob er es mit den Türken, d. i. mit den Aegyptern, oder mit ihnen halte. Der Aga täuscht sie über seine Absicht und marschiert in geschlossener Kolonne mitten durch die Aufständischen, faßt zehn Schritte vom Flusse entfernt, durch diesen im Rücken gedeckt, Position, läßt ein Karré formieren, die Munition ausschütten und ruft nun seinen Leuten zu: Udrub jâ aulad! Schießet meine Kinder!

Vom Morgen bis nachmittags 4 Uhr stürmten die fanatisierten Mengen das Karré, vergeblich, Hunderte und Hunderte, Tausende wurden niedergeschossen, und bereits drohte dem Heldenhäuflein der Mangel an Munition, als sich die Araber zurückzogen und Sennar gerettet war. Selbst die Belagerten hielten die so unerwartet erschienenen Befreier anfangs für Feinde und empfingen sie mit mehreren Schüssen, bis sich das Mißverständnis löste. Der Aga wurde von der Stadtbevölkerung mit einem Jubel aufgenommen, welcher nach all der tagelangen Angst wohl erklärlich ist; er wurde wie ein Halbgott gefeiert. Das Volk drängte sich an ihn heran, um seine Kleider zu küssen, und pries ihn mit aller Ueberschwänglichkeit orientalischer Freude.

Die aus Qalabat unter Ali Kaschef gekommenen Truppen verfolgten nach der Vernichtung des Scherif Mohamed Taha bei Abu Harras im Verein mit den Schukuri die Araber bis über Sennar hinaus, die Qoahla-Araber, welche bereits zum Aufstand gerüstet hatten, legten die Waffen nieder. Bei dem Dorfe Teko wurde Achmed el Makaschef, welcher etwa zehntausend Araber um sich gesammelt, geschlagen, die Rebellen versprengt und dadurch in der Provinz Sennar wieder Ruhe geschaffen.

IV.

Abd-el-Kader,
General-Gouverneur des Sudan.

Am 12. Mai 1882 traf der neue Minister und General-Gouverneur Abd-el-Kader Pascha in Chartum ein. Feierlich, fast enthusiastisch empfangen, sollte doch die Zeit seiner Verwaltung ihm nur schwere Arbeit, bittere Erfahrungen bringen. Durch Einführung einer reinen Militär-Verwaltung, Besetzung aller höheren Administrationsposten mit Offizieren, hoffte er Ordnung zu schaffen und Ausgaben zu ökonomisieren. Abd-el-Kader, durch seine Erziehung in Europa, er brachte drei Jahre in Wien zu, befähigt, einen höheren Standpunkt einzunehmen als seine ägyptischen Kollegen, ließ sich auch die Einschränkung des Sklavenhandels angelegen sein, und traf diesbezügliche Maßregeln. Aber er hatte mit der Niederdrückung des auf allen Ecken aufflammenden Aufstandes so sehr alle Hände voll zu thun, daß von allen seinen gut und, man darf von ihm sagen, ehrlich gemeinten Reformen keine zur Ausführung kam. Der bisher von der Regierung monopolisierte Handel mit den Landesprodukten, mit Kautschuck, Tamarinde, Straußenfedern, Nilpferdhäuten, Indigo, Moschus, Edelhölzern, Rhinozeroshörnern, Honig, Wachs, Palmöl, mit Affen, Papageien sollte freigegeben werden, nur das Elfenbein auch ferner ein Monopol der Regierung bleiben. Regelmäßige Dampferfahrten auf dem Blauen und Weißen Nil, Ermäßigung der Tarife, sollten den darniederliegenden Handel wieder neu beleben; aber wie gesagt, es blieb dies alles ein frommer Wunsch, fast der ganze Sudan war in offener Empörung, es war zu spät! Obwohl die Erhebung des Mahdi religiös-fanatischen Ursprungs ist, so wurde dieselbe nur dadurch eine allgemeine, daß die Bevölkerung des Sudan durch eine seit dem Einmarsch der Truppen Mehemet Alis ausgeübte, systematische Unterdrückung und Ausbeutung gewöhnt wurde, in der Herrschaft der ägyptischen Khedive die ärgste aller Tyranneien zu hassen. Ismael Pascha, der Eroberer des Sudan, setzte an die Stelle der Herrschaft vieler kleiner Meks das Säbelregiment und den Despotismus einer beutelustigen Soldateska. Nach seinem Gutdünken, den Forderungen seiner Waffengefährten gemäß, wurde das Land mit einer Steuer von Sklaven, Gold und Pferden belegt, einer Steuer, die sich stets steigernd, unerschwinglich wurde und schließlich die Katastrophe von Schendy herbeiführte. Unter dem Defterdar Mehemet Bei, Ismails Schwager und Nachfolger, wurde das Joch durch die schwersten Repressalien noch drückender. Nach dem Defterdar kam Osman Bei an der Spitze eines Infanterieregiments, der ersten regulären Truppe, die nach dem Sudan geschickt wurde und er erklärte geradezu, daß der Zweck seiner Mission nicht die Organisation, sondern die Ausbeutung und Zerstörung sei. Er ließ in seinem Lager eine Kanone aufstellen, welcher er den Titel Kadi, der Richter, gab. Die unglücklichen Landeseinwohner, welche beim Befehlshaber Schutz gegen die Mannschaft suchten, wurden zum Kadi geführt und es wurde ihnen ihr Recht gesprochen, wie sich Osman höhnisch ausdrückte. Diese Rechtsprechung bestand darin, daß die armen Teufel vor die Mündung der Kanone gebunden und dann weggeschossen wurden. Tausende entzogen sich durch Auswanderung nach Darfur und in die im Süden Sennars gelegenen Berge diesem Despotismus. Nach dem Tode Osman Beis trat in den östlichen Teilen des Sudan Mahou Bei als Gouverneur an seine Stelle, während ein anderer in Kordofan installiert wurde. Unter Mahou Bei zeigten sich die ersten Anzeichen einer Organisation; aber erst Churschid Pascha, der erste Holmdar, General-Gouverneur des Sudan, welcher 1830 sein Amt antrat, brachte Ordnung in die bisher ganz willkürliche Besteuerung und Verwaltung des Landes. Die Gesamtsumme der Besteuerung für das Jahr wurde auf 16,000 Beutel (je 500 Piaster), also nahezu auf 2 Mill. Mark bestimmt. Doch schon unter Churschids Nachfolger, Achmed Pascha, welcher der beabsichtigten Lostrennung des Sudan von Aegypten unter eigener Herrschaft verdächtigt, 1843 in Chartum vergiftet wurde, stieg die Steuersumme nach und nach bis auf 36,000 Beutel. Daß die späteren Gouverneure diesem guten Beispiele folgten, wird nicht überraschen.

Doch ist es nicht die Steuer an und für sich, obwohl die in solchen Sachen äußerst erfindungsreichen ägyptischen Beamten für alles und jedes eine Kontribution fanden. Wurde doch sogar auf die bei den nubischen Mädchen herrschende Sitte der Aufschneidung, Heilung und Wiederaufschneidung bei der Ehe eine Taxe gelegt! Die Art und Weise, wie die Steuern eingehoben wurden, ist es, welche die Bewohner des Sudan gegen die Herrschaft der Kairiner Paschawats erbittern mußte. Ich gebe hier eine Darstellung der dabei herrschenden und sich in den meisten Fällen jeder Kontrole entziehenden Mißbräuche nach den auf Autopsie beruhenden Mitteilungen von J. Menges.

Eine der wichtigsten Steuern ist die Kopfsteuer, Gaddah, welche die Nomadenstämme leisten müssen. Dieselbe ist nie geringer als 30 Piaster für den Kopf, wird aber auch verdoppelt und auch noch höher bemessen. Die Steuer wird, da die Beduinen nie freiwillig zahlen, durch irreguläre Soldaten, Baschibozuks, eingetrieben. Ein jedes Lager hat eine bestimmte Summe zusammenzubringen und erhält eine entsprechende Anzahl von Soldaten, welche so lange verpflegt werden müssen, bis der verlangte Teil der Steuer bezahlt ist. Die Nilpferdpeitsche spielt die Hauptrolle; die Sudanesen lassen sich gleich den ägyptischen Fellahin erst ordentlich durchprügeln, ehe sie sich von ihrem Gelde trennen. Die Baschibozuks verlangen und erzwingen eine für die Verhältnisse sehr luxuriöse Verpflegung und schalten im Lager mit allem, auch mit Weibern und Töchtern der Beduinen, wie mit ihrem Eigentum. Wenn der Kurbadj, die Nilpferdpeitsche, nicht prompt genug das gewünschte Resultat erzielt, so wird zu kräftigeren Mitteln gegriffen. Der Steuerverweigerer wird an den Daumen aufgehängt oder an Händen und Füßen gebunden, nackt in der Mittagsstunde in den von der Sonne durchglühten Sand eines trockenen Flußbettes gelegt. Es ist begreiflich, daß die Sudanbewohner die Baschibozuks bis in den Tod hassen, und jede Gelegenheit, die sich ihnen ungestraft bietet, benutzen, dieselben niederzumachen. Der ganze Druck der Steuer liegt auf der ärmeren Masse des Volkes, da die Häuptlinge sich und ihre Familien selbst steuerfrei machen, und die Summe des zu zahlenden Tributs auf die Untergebenen verteilen. Nachstehendes, von J. Menges angeführte Beispiel gibt ein Bild der Verteilung. „Die Summe des Tributs, sagen wir 60,000 Thl., auf zwölf kleinere Stämme verteilt, ergibt für den Stamm 5000 Thl., was eigentlich jeder einzelne kleinere Abteilungschef von den einzelnen Lagern zu sammeln und abzuliefern hatte. Gewöhnlich sind die Stämme mit dem Tribut im Rückstande, und um Aufschub zu erlangen, sind die großen Häuptlinge genötigt, mehr als die festgesetzte Summe abzuliefern, welcher Ueberschuß in die Taschen des Provinzialgouverneurs fließt. Da aber die Gouverneure und die großen Chefs immer im Einverständnisse handeln, so wird der auf die kleineren Abteilungen verteilte Tribut um einige tausend Thaler erhöht, in welchen Ueberschuß sich die beiden Biedermänner natürlich teilen. Dies geht ganz gut, da keine Kontrole existiert und die Buchführung jämmerlich ist, trotzdem daß alles in zwanzig Büchern eingetragen steht, und da überdies die beiden noch interessierten Persönlichkeiten, der Baschlatib (Hauptschreiber) und der Chaznadar (Schatzmeister, Kassier), einen Anteil von dem Raub erhalten. Die kleineren Chefs verteilen nun ihrerseits die Auflage auf die verschiedenen ihnen untergebenen Lager, wobei sie genau auf die oben erwähnte Art verfahren, nämlich jedem Lager mehr zuteilen, als der Teil ist und ihrerseits den Ueberschuß mit dem Oberhäuptling teilen. Die Chefs der einzelnen Lager, denen die Einziehung von den einzelnen Mitgliedern des Stammes zusteht, verfahren natürlich genau ebenso und lassen den Ueberschuß des Raubes in den eigenen Säckel fließen. Die thätigen Werkzeuge dieser Steuereinhebung, die Soldaten, wollen auch nicht umsonst arbeiten, und da die Lohnung sehr karg ist und im Sudan, wie in der Türkei, viele Monate nicht bezahlt wird, so sind sie darauf angewiesen, ihren Anteil an dem Raub extra zu erheben."

Wie schon gesagt, wird im Sudan alles und jedes besteuert und nicht blos einfach, sondern durch die Kombinierung von Grundsteuer, Verzehrungssteuer, Einfuhrsteuer, Handelssteuer werden die meisten Produkte 4fach, auch 5fach taxiert. Nehmen wir an, ein am oberen Dender wohnender Bauer will den Ertrag seiner Ernte, seine Durrah, nach Karkodj auf den Markt bringen. Er hat bereits für Grund und Boden gesteuert, für sich und seinen Hausstand die Kopfsteuer gezahlt, mußte jedes Schöpfrad, Sakieh, ohne welches eine Bewässerung, also auch Bebauung, überhaupt unmöglich wäre, versteuern; nun hat er aber noch eine Einfuhrsteuer beim Eintritt in Karkodj, die Marktsteuer und endlich noch eine Verkaufssteuer zu zahlen! Dazu kommt aber, daß der arme Mann bei jeder dieser Steuern auch noch von den Beamten überhalten wird. Es ist daher nicht zu verwundern, wenn die Bewohner statt, den ganz unvergleichlich produktiven Boden zu kultivieren, ihre Felder brach liegen lassen, auswandern, als Handelsleute nach dem Weißen Nil, nach Kordofan, Darfur ziehen und durch die Not getrieben, zu Straßenräubern werden, oder im günstigeren Falle den einträglichen Sklavenhandel treiben. Tausende von Gellaba, Kleinhändler, zogen alljährlich nach den Negerländern, um für Baumwollstoffe, die in Chartum oder den Märkten Kordofans und Darfurs eingekauft wurden, in den Niederlassungen, Zeriben, der Elfenbeinhändler die während des Jahres durch Raub zusammengebrachten Sklaven einzutauschen. Zu der Monopolisierung fast aller Handelsartikel, welche aus den Negerländern ausgeführt werden konnten, kam die seit Gordons Verwaltung ernstliche, in den Augen der Dongolaner, welche das überwiegende Kontingent der Sklavenhändler stellen, vollkommen unberechtigte Gefährdung des bis dahin freien Trafics der Sklaven, denen die Schwierigkeiten, welche z. B. der Ueberfahrt von Suakin nach Arabien durch englische Kreuzer bereitet wurden, nur einen höheren Marktpreis verliehen und deshalb den Gellaba eigentlich hochwillkommen waren. Aber nun mischten sich von Kairo gekommene

Ungläubige, Christen in den Handel; ja nicht genug damit, der den Arabern und Nubiern als legitim geltende, wie sie behaupteten, durch die Korananssprüche selbst zu rechtfertigende Verlauf der Negersklaven wurde als ein todeswürdiges Verbrechen von den Eindringlingen erklärt und Gessi ließ hunderte von Dongolanern aufknüpfen oder niederschießen! Der tiefe, unversöhnliche Haß gegen die Aegypter, welcher seit der Eroberung des Sudan durch Mehemet Ali nie versöhnt wurde, bekam neue Nahrung, und als nun Mohamed Achmed als der erwartete Mahdi auftrat, Befreiung des Sudan von den gehaßten Türken, d. h. von allen, welche von Kairo kamen, und vor allem anderen Abgabenfreiheit auf seine Fahne schrieb, was war natürlicher, als daß Tausende seiner Fahne folgten! Die Erfolge, welche ihm von Chartum aus bereitet wurden, die von Tag zu Tag deutlicher hervortretende Schwäche der Regierung, bestimmten die schwankenden Stämme, welche nach echt orientalischer Weise sich den Weg nach beiden Seiten offen lassend, durch Loyalitätsbezeugungen gegen die Chartumer Gouverneure und gleichzeitige Sendungen an den Mahdi, im Augenblicke der Entscheidung für die stärkere, erfolgreichere Partei sich erklärten.

Wir wollen nun zu dem weiteren Gange der Ereignisse zurückkehren.

Abd el Kader, am 12. Mai 1882 in Chartum angekommen, mußte, ehe er an die Durchführung von Reformen denken konnte, vorerst das an allen Ecken und Enden revolutionierte Land pazifizieren. Täglich kamen Nachrichten von Ueberfällen, von Bedrohungen der Städte und Dörfer am Weißen Nil; selbst die Gezireh Sennar war durchaus nicht beruhigt, trotz der Niederlage des Scherif Mohamed Taha, dessen Kopf am 16. Mai am Suq (Marktplatz) in Chartum ausgesteckt wurde und trotz des heldenmütigen

Entsatzes der Stadt Sennar durch den Sandschak Salah Aga. Der von seiner Wunde genesene Amr el Makaschef, der sich, vom Mahdi neuerdings gesandt, mit seinem Bruder, welcher im Süden Sennars die versprengten Rebellen sammelte, mit Achmed el Makaschef vereinigen sollte, wurde von Salah Aga, der zuvor eben den Achmed el Makaschef bei der Meschra el Tai angegriffen, geschlagen, besiegt und in dem Kampf selbst getötet. Aber die Geschlagenen zogen sich nach dem Weißen Nil hinüber, sammelten sich an einem Platz Dos Abu Gunnah unweit der Insel Aba wieder und verstärkten sich derart, daß später eine eigene Expedition gegen sie ausgesandt werden mußte; wir werden später darauf zurückkommen. Der Tod des Amr Makaschef war für die Regierung eine große Erleichterung, obwohl sein Bruder diesen Verlust für den Mahdi leicht ersetzen konnte; denn er war bei einem sich nie verleugnenden persönlichem Mute von großem Einfluß bei seinen Anhängern, den Baggara, welche er zu den tollkühnsten Unternehmungen zu fanatisieren vermochte. So griff er Duem, den Hafenort der vom Weißen Nil nach Kordofan führenden Karawanenstraße, am 28. August mit etwa 14,000 Menschen an, vermochte aber die inzwischen befestigte, von einer Garnison von 500 Mann verteidigte Stadt nicht zu nehmen. Aber obwohl die Rebellen nicht einen Soldaten zu töten vermochten, stürmten sie den Ort durch vier Stunden, bis sie an 3000 Leichen im Felde ließen, welche dann, in den Nil geworfen, für Wochen und Wochen das Wasser verpesteten.

Abd el Kader beorderte gleich nach seiner Ankunft Truppensendungen nach Kordofan, wo die Hassanie die Karawanen plünderten. Die ersten, welche in Kordofan gewaltthätig gegen die Regierung auftraten, waren die westlich von Abu Harras seßhaften Hamr-Araber. Diese griffen

eine auf dem Marsche befindliche agyptische Abteilung von
200 Mann an, trieben sie nach Abu Harras und nötigten
die Truppe, welche der Araber nicht Herr werden konnte und
für die Abu Harras unhaltbar geworden, sich nach El Obeid
zurückzuziehen. Wiederholt angegriffen, hielt der Führer
der kleinen Schar, der Bin baschi Rasim Effendi, sie gut
zusammen und brachte sie auch glücklich nach El Obeid.
Hier, wie noch lange nachher, schlugen sich die Truppen
nicht nur gut, sondern sie gaben vielfache Beweise von
Tapferkeit und Ausdauer. Die nächste Unternehmung der
Aufständischen war gegen die 50 Km. nördlich von El
Obeid gelegene Stadt Bara gerichtet, welche sie am
21. Juni mit 20,000 Mann stürmten, aber mit einem
Verlust von an 3000 zurückgeschlagen wurden. Bara, von
800 Mann verteidigt, blieb eingeschlossen. Von jetzt ab
gingen die Rebellen in Kordofan offensiv vor. In Chartum
wurde die Bildung von Sandschaks, irregulären Truppen,
welche von Abd el Kader unter den Dongolanern und den
viel zuverlässigeren Schaigie angeworben wurden, eifrigst
betrieben. Zu den 3000 Irregulären kamen noch etwa
2000 Rekruten, welche auf den Apell Abd el Kaders an
die Bewohner der Mudirieh Chartum und an die treuen
Häuptlinge der großen Stämme gestellt wurden. Je nach
dem Vermögen stellte jeder Unterthan einen oder mehrere
Sklaven für den Militärdienst. Abd el Kader ließ sich die
Ausbildung der Schwarzen angelegen sein. Aber wie sollte
er mit diesem Material und den mit dem Mahdi sym=
pathisierenden Dongolanern gegen die Tausende von Re=
bellen Stand halten, welche, durch religiösen Fanatismus,
nationalen und Rassen=Haß getrieben, durch die Aussicht
auf die Beute angespornt, mit todesverachtendem Ungestüm
kämpften! Alle disponiblen Linientruppen wurden aus
Senbit und Gedaref nach Kordofan geschickt. Raschid Pascha,

der in den abessinischen Grenzlanden kommandierende General, wird nach Chartum berufen, um die Truppen nach Kordofan zu führen. Inmitten dieser eifrig betriebenen Anstalten zur Bewältigung des Aufstandes kam die Nachricht von der gänzlichen Niederlage Jussuf Paschas am Gebel Gedir, der anfangs des Monats Juni vom Mahdi geschlagen wurde. Die ganze Armee, auf deren Erfolg in Chartum mit Sicherheit gerechnet wurde, war vernichtet. Das Blutbad soll ein enormes gewesen sein; wenigen war es gelungen, zu entkommen! Nun verließ der Mahdi Mohamed Achmed die Berge von Tekele und zog nach Kordofan, dessen Eroberung er in zuversichtlichstem Tone ankündigte und in sechs Monaten auch vollzog.

Die Schwierigkeit, den Aufstand zu unterdrücken, war um so größer, als nicht nur die Zuversicht der Araber und ihre Zahl fortwährend wuchs, sondern auch durch das Auftreten Achmed Arabis in Aegypten eine Unterstützung von dort her nicht erwartet werden durfte und die Kunde von dieser Erhebung den Aufstand im Sudan nährte. Am 8. September kam Mohamed Achmed, dem sich auf seinem Zuge Tausende von den Baggara, Hassanie und den anderen Kordofan-Stämmen angeschlossen, vor El Obeid an, die niedersten Schätzungen lauten auf 60,000 Mann, und ging mit Tagesanbruch zum Sturm auf die gut befestigte Stadt, in welcher 6000 Mann konzentriert waren und deren Wälle von 12 Kanonen verteidigt wurden. Der Anprall war ein so heftiger und trotz des gut gezielten und gut genährten Feuers der Belagerten und trotz der dadurch bewirkten enormen Menschenverluste ein so ausdauernder, daß es den Rebellen an diesem Tage fast gelungen wäre, die Stadt einzunehmen; sie drangen mit den rückweichenden Soldaten im Handgemenge ein. Da ließ der Befehlshaber von El Obeid, Iskander Bei, in die kämpfende Menge mit Granaten hineinfeuern, wodurch zwar an 300 Soldaten getötet wurden, aber die Stadt gerettet war. Noch an zwei der folgenden Tage, am 11. und am 14. September, ließ der Mahdi El Obeid stürmen, verlor aber dabei gegen 15,000 Mann; der Rest wurde demoralisiert und viele, die in den letzten Tagen zu ihm gestoßen, zogen wieder zurück. Hätte der Mudir Mohamed Said Pascha zu dieser Zeit einen energischen Ausfall gemacht und den Mahdi angegriffen, so hatte er alle Wahrscheinlichkeit für sich, ihn für immer unschädlich zu machen. Diese Gelegenheit wurde versäumt, Mohamed Achmed übte alle Mittel der Ueberredung auf die Nomaden aus und bald war er wieder stark genug, um El Obeid einzuschließen und es zu belagern, gleichwie Bara zerniert war. Beide Städte hatten gleiches Los, am 17. Januar 1883 streckte die Garnison von El Obeid die Waffen, durch Hunger und Erschöpfung bezwungen. Hunde, Esel, alles, was nur eßbar war, ward aufgezehrt. Der Preis des letzten Huhnes stieg auf 500 Thaler, der eines Scheffels Korn auf 100 Thaler. Die Soldaten hatten die Gewehrriemen gegessen; die Besatzung unter Isländer Bei hatte tapfer ausgehalten, von Tag zu Tag auf Entsatz hoffend. Da brach auch der Skorbut aus, die Mannschaft war erschöpft, ergab sich und trat gleich in die Reihen des Mahdi ein, ebenso wie die Bewohner El Obeids; selbst christliche syrische Kaufleute nahmen den Islam an. Mit der Uebergabe von El Obeid fielen die Mitglieder der katholischen Mission, 11 Personen, darunter fünf Ordensschwestern, in die Gewalt des Mahdi, welcher ihnen, so viel bekannt, trotzdem seine Bekehrungsversuche erfolglos blieben, kein Leid gethan. Es soll Konsul Hansal gelungen sein, durch Zahlung eines Lösegeldes von 40,000 Mark ihre Freigebung bewirkt zu haben. Mohamed Achmed hielt einen feierlichen Einzug in

El Obeid und war nun Herr von Kordofan und ist es bis heute geblieben. Wenige Tage zuvor, am 5. Januar, hatte sich auch Bara dem Leutnant des Mahdi ergeben. Wohl wurden von Chartum Anstrengungen gemacht, diese Plätze zu entsetzen, aber gerade in Kordofan wurden Fehler auf Fehler begangen. Die Truppen wurden vereinzelt und unter schlechter Führung dahin gesandt, jeder spätere Versuch wurde durch die vorhergegangene Niederlage gefährdet, und als Aegypten seine letzte Karte ausspielte und 10,000 gut bewaffnete Soldaten unter der Führung von General Hicks und Allah ed bin Pascha zur Wiedereroberung der verlorenen Provinz ausschickte, da teilte der Uneinigkeit der Befehlenden halber auch diese Armee das Schicksal ihrer Vorgänger.

Um Bara, welches seit dem Juni 1882 bedrängt wurde, zu befreien, schickte Abd el Kader 2800 Mann Truppen aus Senhit, verstärkt durch neugeworbene Schaiqie, unter Ali Bei Lutsi, von Duem aus Ende September dahin; aber am 25. Oktober wurden sie von den Arabern geschlagen und großentheils niedergemacht. Der Rest konnte sich nach Bara retten. Die Truppen hatten auf dem Wege nach Bara ununterbrochen kämpfen müssen, und litten an großem Wassermangel, weil die Araber die Brunnen verschüttet hatten. In Chartum aber wurde die Niederlage als ein Sieg der Regierungstruppen durch Kanonensalven gefeiert! Der Mudir von Bara schickte einen Kurier mit einer Siegesbotschaft nach Chartum; so wurde Abd el Kader, der Sudan-Minister, geflissentlich getäuscht und den Aufständischen der Erfolg erleichtert. Um seine Macht, bei der Unzulänglichkeit der Linientruppe und der Unmöglichkeit, aus Kairo Verstärkungen zu erhalten, möglichst zu erhöhen, appellierte Abd el Kader an die treuen Stammeshäuptlinge der Schukuri, Dabaina, Kababisch, und forderte sie auf, ihre kampffähigen Leute an der Seite der Truppen gegen die Rebellen kämpfen zu lassen. Dafür wurde ihnen ein Jahr Steuernachlaß zugesichert und für jeden getöteten oder gefangenen Derwisch eine Prämie von zwei ägyptischen Pfund (42 Mark), für jeden Häuptling der Rebellen aber achtzehn Pfund (380 Mark) versprochen. Dadurch wurde allerdings die Streitmacht der Regierung um einige tausend Lanzenträger vermehrt.

Außer Kordofan, welches in der That für Aegypten verloren war, wurden auch die beiden Uferstrecken des Weißen Nil von Duem bis zur Insel Aba, sowie die nach Kordofan führende Straße fortwährend durch die Rebellen bedroht; der bereits öfter erwähnte Achmed Makaschef war der Führer dieser Leute.

Um Chartum selbst gegen jeden Handstreich zu sichern, ließ Abd el Kader im November 1882 Befestigungsarbeiten daselbst in Angriff nehmen. Durch einen etwa 5 Km. langen Kanal wurden die beiden Flüsse, Weißer und Blauer Nil, mit einander verbunden; Chartum war zu einer Inselfestung gemacht, welche bei genügender Besatzung nun leicht verteidigt werden konnte. Der Kanal umschließt fünf Forts, und wurde vorerst nur als Schanzgraben ausgeführt, 5 m. breit und 3 m. tief, sollte aber durch spätere Erweiterung zum Schiffahrtskanale werden.

Im Dezember kamen Meldungen von neuen Unruhen in Dawa, später in Octena am Weißen Nil, in Sennar und Mesalamia; überall hin wurden Truppen beordert. Die Lage der Aegypter im Sudan hatte sich seit dem Oktober 1882 insofern gebessert und zur Hoffnung der baldigen Unterwerfung des Aufstandes berechtigt, als nun, nach der Besiegung Arabis bei Tell el Kebir und der faktischen Besitznahme Aegyptens durch England, Truppensendungen aus Kairo möglich wurden und auch anfangs

Dezember bereits mehrere Bataillone der ägyptischen Regimenter Arabis in Omberman, Chartum gegenüber am Weißen Nil, Lager bezogen. England, welches seine Hand auf Aegypten gelegt, konnte den Sudan nicht außer Acht lassen, welcher die englischen Staatsmänner des Littorals am Roten Meere, der Straße nach Indien, und der die öffentliche Meinung in England so viel beschäftigenden Sklavenfrage wegen in hohem Grade interessierte. Der englische Minister=Resident in Kairo schickte Kolonel=Leutenant Stewart nach Chartum, woselbst er Mitte Dezember ankam, zur Berichterstattung der Lage im Sudan und der zu ergreifenden Maßregeln zur Abhilfe der dortigen Uebelstände. Seit dieser Zeit haben wir auch die letzten und bestimmenden Entschlüsse des Kairiner Kabinets auf die Rechnung Englands zu setzen, welches für die Ereignisse des letzten Jahres allein verantwortlich zu machen ist. England verstand es, aus der Verlegenheit, welche dem Khedive durch den Aufstand des Mahdi erwuchs, den möglichsten Vorteil für sich zu ziehen und that dies so geschickt, daß man versucht sein könnte, an einen wohlüberlegten einheitlichen Plan zu glauben, wenn nicht die Details der Kampagne des General Hicks und die heuchlerische, zögernde, großen Entschlüssen ängstlich ausweichende Politik Gladstones dem widersprächen.

Zu Beginn des Jahres 1883 ging Abd el Kader selbst nach der Provinz Sennar um dieselbe, wie er dies wollte, völlig von den Rebellen zu reinigen. Trotz der geringen Mannschaften, die ihm zu Gebote standen, 2400 Reguläre, 800 Baschibozuks und an 2000 Lanzenträger, vollführte er seine Aufgabe mit Energie und mit Erfolg. Noch im Januar wurden die Rebellen des Bezirkes Abut, südwestlich von Mesalamia geschlagen, im März Karkobj gesichert und ein Streifzug bis nach Roseres ausgeführt.

Aber Abd el Kader war ein zu selbständiger Mann, den alten Paschapraktiken geradezu feindlich, so daß sowohl die Beamten in Chartum wie in Kairo gegen ihn intriguierten. Es ist auch nicht ausgeschlossen, daß Sir Evelyn Baring seine Abberufung wünschte; kurz, inmitten seiner Erfolge wurde er durch die ihm von Hussein Pascha nach Sennar überbrachte Abberufungsordre überrascht. Hussein folgte ihm im Kommando der Sennar-Armee, während der bisherige Mohafas von Massaua, Allah ed Din Pascha, am 26. März in Chartum als Hokmdar, Generalgouverneur, installiert wurde. Es unterliegt kaum einem Zweifel, daß die Ruckberufung Abd el Kaders gerade zu dieser Zeit ein Fehler war. Seine persönliche Gegenwart im Felde, seine eigene Unerschrockenheit begeisterte die Truppen, und da sich das Waffenglück ihm treu bewährte, so kam er bei den abergläubischen Sudanesen bald in den Ruf der Unüberwindlichkeit, welcher natürlich demoralisierend auf die Rebellen einwirkte. Ihn jetzt vor der Vollendung der dringenden Aufgabe durch einen keineswegs bewährten und auch in der Zukunft sich nicht bewährenden General, den obengenannten Hussein Pascha zu ersetzen, war nach jeder Richtung hin, ein Unrecht.

V.

General Hicks und der Feldzug nach Kordofan.

Bald nachdem Abd el Kader Chartum verlassen, traf der Engländer Hicks, ein pensionierter Offizier der anglo-indischen Armee, mit mehreren englischen Kameraden daselbst ein und übernahm die Leitung des Generalstabs. Seine sowie seiner Offiziere totale Unkenntnis, des Landes, verbunden mit der Schwierigkeit, wegen der Unkenntnis der arabischen Sprache einen raschen und vertrauenswürdigen Einblick in die Verhältnisse des Sudan zu gewinnen, haben seine Dienste selbst vor der Katastrophe in Kordofan auf ein bescheidenes Maß beschränkt. Die Eifersucht, welche seine durch Sir Evelyn Baring in Kairo ausgeübte Protektion bei den ägyptischen Funktionären erweckte, der einem Engländer im Verkehr mit Orientalen fast niemals fehlende Hochmut, durch den sich sämtliche ägyptische Offiziere beleidigt fühlten, verursachten es, daß die persönlichen Rücksichten ein Zusammenwirken aller, wie es die so kritische Lage gebieterisch erfordert hätte, verhinderte. In dieser Beziehung, sowie auch in der später noch zu besprechenden Vernachlässigung notwendigster Vorsichtsmaßregeln, die eben seiner Unkenntnis von Land, Leuten und Landessprache entsprangen, läßt sich General Hicks nicht von berechtigtem Tadel freisprechen.

Am Weißen Nil, von Duem südlich, wurde das Land fortwährend durch die unter der Führung des gesuchteten Achmed el Malaschef stehenden Scharen beunruhigt; um einen entscheidenden Schlag gegen dieselben auszuführen, wurden schon von Abd el Kader an 5000 Mann bei Dawa zusammengezogen. Hicks übernahm den Befehl dieser Armee, zog gegen Achmed el Malaschef, mit dem es bei Marabia, an einem Nilarm östlich von der Insel Aba, am 29. April zu einem hitzigen Gefecht kam, in welchem die Rebellen total geschlagen, und ihr Anführer mit vielen hundert seiner Leute getötet wurde. Dies die von den englischen Korrespondenten übertrieben aufgebauschte Schlacht bei Marabia.

In einer Reihe weiterer Gefechte, wie z. B. anfangs Mai bei Djebelein am Weißen Nil und anderer in Sennar, an welchen englische und deutsche Offiziere teilnahmen, gelang es, der Aufständigen Herr zu werden, so daß im Sommer 1883, mit Ausnahme von Kordofan und Darfur, die Insurrektion im großen und ganzen als bewältigt angesehen werden durfte, wenn auch die Flamme noch an vielen Orten weiterglimmte. Nun wurde die Wiedereroberung Kordofans beschlossen und Allah ed Din mit den Vorbereitungen zum Feldzuge beauftragt; die Ausrüstung und Formierung der von Kairo aus verstärkten Armee leitete General Hicks als Generalstabschef. Um gegen den Mahdi einen vernichtenden Schlag ausführen zu können, wurden Verhandlungen mit den noch neutralen Stämmen und Häuptlingen Kordofans eröffnet und deren aktive Unterstützung zu gewinnen gesucht.

Ehe ich auf die Besprechung des das Geschick des Sudan vorläufig entscheidenden Feldzuges nach Kordofan eingehe, sei es mir gestattet, einer Episode zu erwähnen, welche ein Zeugnis von den zerrütteten Zuständen des Sudans gibt und an welcher der deutsche Leser ein Interesse haben dürfte, da mit ihr das Schicksal eines verdienstvollen deutschen Afrikaforschers, Ernst Marno's, verknüpft ist. Major Baron von Seckendorff, von General Hicks zur Berichterstattung über die Vorgänge am Blauen Nil ausgesandt, kehrte im Juli zurück und fand die Dinge nichts weniger als befriedigend. In Sennar fand er die Truppen in Lumpen und ohne Fußbekleidung und Mangel an Proviant leidend. Obwohl in Abu Harras, in Rufa, in Oedaref Getreide in großer Menge vorhanden war und die Regierung in Woad Medineh große Magazine angelegt hatte, konnte der Befehlshaber in Sennar, Hussein Pascha, da er sich keine Kamele verschaffen konnte, noch über Transportschiffe disponierte, das Getreide nicht nach diesem Platze schaffen und war auf den Markt in Sennar angewiesen, aber da fehlte es wieder an Geld, um Einkäufe zu machen. Schlimmer aber war die Garnison von Fazogl an der ägyptischen Südgrenze Sennars, 300 Mann, mit ihrem Mudir Ernst Marno daran. Die Herren in Chartum hatten sich nicht entblödet, Marno, welcher der Regierung bei der Eröffnung der von Pflanzenbarren gesperrten Flußkommunikation am Weißen Nil, am Bahr el Djebel und Bahr Ghazal die größten, mit Aufopferung seiner Gesundheit geleisteten Dienste erwiesen, nach dem von jeher seiner entfernten Lage und besonders seines gesundheitsschädlichen Klimas wegen als Strafkolonie geltenden Fazogl zu versetzen. Da die Kommunikation mit Fazogl an und für sich eine schwierige und viel Zeit beanspruchende war, so gab Abd el Kader, als er nach Roseres gekommen, den Befehl zum Rückzug der Garnison von Fazogl, 300 Mann, nach Karkodj.

Aber das Anerbieten eines nachbarlichen Schech, die Garnison von Fazogl mit Fleisch und Durrah zu versorgen, veranlaßte die Rücknahme dieses Befehls. Doch der Schech blieb die Erfüllung seiner Zusage schuldig, so daß die Garnison, Negertruppen, in einen Zustand des Halbverhungerns kam und sich nur dadurch überhaupt erhalten konnten, daß von Zeit zu Zeit Raubzüge in die umliegenden Dörfer gemacht wurden, wobei dann alles mitgenommen wurde, was nur beweglich war. Die Bewohner dieser ohnedies nicht zahlreichen Dörfer entzogen sich der Brandschatzung durch die Truppen der eigenen Regierung durch Flucht in die Berge. Die Garnison, aller Mittel der Selbsterhaltung beraubt, schickte den Mudir nach Sennar, um die Befreiung aus ihrer verzweifelten Lage zu bewirken, mit der Drohung, andernfalls zu revoltieren und das Land zu verwüsten. Marno ging nach Chartum und konnte nun durch seine persönliche Einsprache eine Entscheidung herbeiführen. Die vielen schriftlichen Vorstellungen und Bitten um Abhilfe waren von den ägyptischen Beamten einfach zur Seite gelegt worden. Die Entbehrungen, Aufregungen und die Fieberluft hatten an Ernst Marno schon zu stark gearbeitet. Er kam nach Chartum todkrank und erlag am 31. August 1882 dem Fieber, ein Opfer von Berufstreue und Forschungseifer, der ihn immer von neuem nach dem Sudan zurückgetrieben. Ein lauterer, allen Intriguen und Winkelzügen feindlicher Charakter, war es sein Fehler, inmitten der mit allen Mitteln an der Förderung selbstsüchtiger Zwecke arbeitenden ägyptischen und europäischen Beamten, zu wenig an sich selbst gedacht zu haben.

Im Sommer 1883 herrschte nach Abd el Kaders glücklichem Feldzuge in Sennar und General Hicks Sieg bei Marabia über Achmed el Makaschef in den östlichen Sudanprovinzen verhältnismäßige Ruhe. Es fehlte zwar nicht an Anzeichen, daß die Erregung der Araberstämme bei jedem gegebenen Vorwand wieder auflodern könne, aber die Behörden in Chartum hofften mit der Besiegung des Mahdi auch seine Anhänger in Sennar und am Weißen Nil endgültig zur alten Ordnung zurückzuführen. War Mohamed Achmed aus dem Wege geräumt, so glaubte man, wohl nicht ganz mit Unrecht in Chartum und Kairo, so mußte der Aufstand sein Ende finden. Dem Rate Lord Dufferins, Kordofan und Darfur ihrem Schicksale zu überlassen und die Herrschaft Aegyptens auf Sennar, Chartum, Berber und Suakin zu beschränken, war man in Kairo durchaus nicht gewillt zu folgen. Die Wiedereroberung des verloren gegangenen Kordofan wurde beschlossen und eifrig betrieben. Wenn ich schreibe eifrig, so ist dies allerdings nur im ägyptischen Sinne verstanden.

Die Vernichtung des Mahdi erschien in Chartum umsomehr ein Gebot der Selbsterhaltung, als Emissäre desselben die Bewohner Chartums selbst aufzuwiegeln suchten und aus Obeid von den, nun zu Mohamed Achmed haltenden ägyptischen Offizieren der früheren Besatzung von Kordofan Briefe an die Garnison von Chartum einlangten, mit der Aufforderung, sich der Sache des Mahdi anzuschließen. Der Brief Iskander Bei's, des früheren Kommandanten von El Obeid, kann als das erste offizielle Dokument, welches aus dem Lager Mohamed Achmeds an die Chartumer Behörden gerichtet wurde, angesehen werden. Dieser Brief ist zweifellos von Mohamed Achmed selbst diktiert, es dürfte daher gerechtfertigt sein, denselben hier mitzuteilen: „Von den Dienern Gottes, dem Schech Mohamed Iskender und dem Schech Juffuf Mansur, vordem Offiziere der Kordofanarmee, nun Gehilfen des Mahdi, mit dem der Friede sei, an alle mohamedanischen Offiziere der Armee in Chartum. Wir warnen Euch, Freunde, und raten Euch gewissenhaft, gemäß den Traditionen des

Propheten, Gruß und Friede sei mit ihm, wir wurden nicht gezwungen, Euch diese Warnung zu schreiben, sondern aus Furcht vor Eurer Vernichtung und bösem Ende, geben wir Euch diese unsere freien Ratschläge. Freunde, wir sind mit dem Mahdi, und da wir es regelmäßig die letzten sechs Monate gewesen, und alles hören, was er sagt, so haben wir nicht ein Körnchen Böses in ihm gefunden oder seiner heiligen Mission Ungehöriges. Bei dem großen Gott, und dem vortrefflichen Koran schwören wir, daß er der wahre Mahdi ist, der Erwartete.

Ein Beweis dessen ist, daß die großen Beträge von Gold und Silber, welche in seinen Besitz gekommen, für ihn gar kein Interesse haben, sie liegen in dem Moslim-schatz, verwaltet von einem treuen und vertrauenswürdigen Manne, welcher dieselben verteilt unter Wittwen, Waisen, seinen Gehilfen und Auswanderern. Der Mahdi spricht höflich zu allen (was den in Chartum kursierenden Gerüchten widerspricht), er verabscheut Falschheit, sein Stolz ist die Verbreitung des Ruhmes unserer Religion. Er ist immer lächelnd, sein Antlitz ist strahlend wie der Vollmond. Seine Erscheinung ist wie die der Söhne Israels (Ismaels), und an seiner rechten Wange ist eine Warze, chal, und andere Zeichen, welche in den Büchern des heiligen Gesetzes geschrieben sind. Wir alle erhalten genügend aus dem Schatze, haben aber keinen regelmäßigen Sold.

Wenn wir Euch alle guten Eigenschaften des Mahdi beschreiben sollten, müßten wir einen langen Brief schreiben; doch wenn ihr gute Moslims seid, so verachtet irdische Dinge und blicket nach dem Ende und dem Paradiese. Der Weg dahin ist die Ergebung an den Seyd el Mahdi. Hütet Euch, gegen Moslims zu kämpfen. Wir und Ihr, so Gott will, wollen Ungläubige bekämpfen, die Feinde des Glaubens.

Wenn Ihr Gläubige in Gott und seinen Propheten seid, lasset ab Ungläubigen zu helfen, und gedenket, daß der Sieg von Gott kommt, und daß Er ihn gibt, wie es Ihm beliebt. Mit der zahlreichen Armee des Mahdi, an Zweihunderttausend streitbare Männer, haben wir Remingtonkanonen und Granaten, welche den Türken abgenommen wurden. Trotzdem, wird der Mahdi, mit dem der Friede sei, den Kampf mit Feuerwaffen verhindern. Speere und Schwert werden allein gebraucht.

Bei dem großen Gott, dem Gott aller Zeiten, er (der Mahdi) hat es uns nicht geheißen dies zu schreiben, wir thun es selbst, aus freiem Willen, aus Sorge für Euer Heil.

Schech Jussuf Mansur.
Schech Mohamed Iskender."

Um die Erfolge des Mahdi zu paralisieren, wurden im Mai 1883 Boten zu Adam, dem Herrscher der Berglandschaft Tekele, gesandt, mit Briefen an ihn und den daselbst wohnenden Agenten der ägyptischen Regierung, Ali Effendi, um König Adams Unterstützung zu gewinnen. Tekele, welches südlich von Kordofan, westlich vom Weißen Nil, um den 12 Breitegrad liegt, ist ein in runder Summe 19,000 bis 20,000 Q.-Km. messendes Land, von 2000 bis 3000 F. mittlerer Höhe, bewohnt von Nubanegern, der Sprache nach mit den am Nilthale wohnenden Nubiern verwandt und von den, die herrschende Klasse bildenden Abkömmlingen der Jung, zu deren Reich auch Tekele gehörte. Die Bewohner Tekeles zeichneten sich stets durch kriegerische Eigenschaften aus und hielten sich die Aegypter vom Leib, sie blieben bis zum heutigen Tage in einer thatsächlichen Unabhängigkeit. Die Souveränität des Khedive war kaum eine nominelle. Einige ägyptische Expeditionen, zur Unterwerfung des tapferen Bergvolkes ausgesandt, haben ihren völligen Untergang gefunden. Als im Jahre 1856 ein Schwarzer aus den Bergen Tekeles, welcher in ägyptische Dienste getreten, und einen höheren Offiziers= grad erreicht hatte, Osman Bei el Aswad mit einer Truppe, welche zum guten Teil aus Sklaven gebildet war, die aus Tekele stammten, den Versuch machte, dieses Land der ägyptischen Herrschaft zu unterwerfen, bezahlte er das Unternehmen mit seinem Kopf, nachdem beim Zusammen= stoße mit Sultan Nasr, dem Nationalhelden Tekeles, der größte Teil der Schwarzen zu Nasr übergingen. Eine, in der ersten Regierungszeit des Vizekönigs Ismael Pascha ausgebrochene Erbfolgestreitigkeit in Tekele, bot den Aegyp= tern den willkommenen Anlaß und Gelegenheit, in dem Berglande Fuß zu fassen.

Die Berichte der beiden aus Chartum an den Sultan geschickten Boten lauteten dahin, daß sie nach einer Reise von 14 Tagen, vom Westufer des Weißen Nil aus, in der Hauptstadt (Tassin?) Sultan Adams angekommen. Die Stadt liegt an der Kuppe eines Berges und hat eine bedeutende Größe. Sie fanden daselbst eine bedeutende Streitmacht, sowohl Fußtruppen, als Reiter. Die Stadt ist mit Wasser gut versorgt, große, natürliche Reservoirs sammeln das Regenwasser des Charifs und erhalten eine für das ganze Jahr ausreichende Menge. Die Boten blieben acht Tage bei Sultan Adam, von dem sie einen Brief brachten, ebenso einen von Ali Effendi dem ägyp= tischen Agenten. Dieser, vor Jahren nach Tekele gesandt, um Steuern zu sammeln, welche er nie erhielt, war ein= sichtsvoll genug, sich auf freundschaftlichen Fuß mit dem Sultan zu stellen und sich mit der alljährlich wiederkehrenden Forderung der Steuern zu begnügen, dadurch die Oberhoheit Aegyptens in der Form aufrechthaltend. Der sehr kurze Brief Sultan Adams enthielt nach den im orientalischen

Briefstil üblichen Höflichkeitsformeln die Versicherung, daß er jetzt, wie stets bisher, der Chartumer Regierung treu geblieben, hiebei berief sich der Sultan auf den Agenten Aegyptens, Ali Effendi und fügte hinzu, daß, wenn die ägyptische Armee den südlichen Weg auf dem Marsche nach El Obeid nehmen wollte, er sich mit seiner ganzen Macht anschließen werde, ebenso wie sein östlicher Freund der Schech Asaker; für keinen Fall aber, wird er dem Mahdi den Durchzug durch Tekele gestatten. Ali Effendi bestätigte die guten Gesinnungen des Sultans und fügte die Warnung hinzu: „Hütet Euch vor dem Rebellen, er ist äußerst schlau, er schläft bei Tag, marschiert bei Nacht und überfällt Euch beim Morgengrauen. Seid vorsichtig, stets vorsichtig und hütet Euch vor Ueberfällen." Die Folge zeigte, daß die Warnung dieses simplen Leutnants nicht überflüssig gewesen, wenn sie auch nicht beachtet wurde.

Mehrere Versuche der Chartumer Behörden, sich mit den Kababischstämmen ins Einvernehmen zu setzen und ihre aktive Mitwirkung gegen den Mahdi zu gewinnen, blieben erfolglos, da die Chartumer viel verlangten, aber nur sehr wenig gewähren wollten. Die wichtigste Sorge, des einen Feldzug nach Kordofan leitenden Offiziers, mußte die Versorgung der Armee mit Wasser bilden. Wie schon gesagt, ist Kordofan ein wasserarmes Land, welches während der trockenen Jahreszeit auf die wenigen Wasserreservoirs und die Brunnen angewiesen ist, welche oft bis zu einer Tiefe von 30 bis 50 m. herabreichen. Lebensfrage war daher die Wahl der Straße, welche die Armee nach El Obeid führen sollte und die Jahreszeit des Vormarsches, welcher keinesfalls vor Eintritt der Regenzeit, des Charif, stattfinden dürfte.

Man kann El Obeid auf drei vielbereisten Straßen von Chartum aus erreichen. Einer nördlichen von

Ansicht von dem blauen Nil bei Chartum. Nach einer Photographie von W. Juchta.

Omdermann, dem Chartum am linken Ufer des Weißen Nil gegenüberliegenden Dorfe aus ziemlich direkt dahinführenden; einer mittleren, der gewöhnlichen Karawanenstraße; diese mündet bei Turra el Habra, am Weißen Nil und geht beim Gebel Araschkol vorbei über den, nördlich von El Obeid gelegenen Ort Bara, und endlich einer südlichen Straße, welche den Weißen Nil flußaufwärts bis Duem, 14⁰ n. Br., und von da durch die Steppe nach der Hauptstadt von Kordofan führt. Je nach der Ergiebigkeit der auf den Wegen gelegenen Brunnen, werden nördliche oder südliche Umwege von den Karawanen genommen. Für eine, mehrere tausend Mann zählende Expedition, mit den tausenden von notwendigen Lastkamelen, kam die, zwar kurze, aber brunnenarme, über ausgedehnte Akaba, wasserlose, unbewohnte Strecken führende Nordstraße gar nicht in Betracht. Entweder konnte der Weg über die Turra el Habra, oder Duem gewählt werden. General Hick's entschloß sich für den letztern. Die Vorbereitungen mußten bis zum Eintritt der Regenzeit, das ist also bis Anfang September, vollendet sein, damit sich die Armee baldigst in Bewegung setzen konnte, denn nicht nur sind die vielen Brunnen vom Januar bis zum Oktober nahezu, oder gänzlich trocken, sondern es bietet auch die Verproviantierung in dieser Zeit die größten Schwierigkeiten, während in der Regenzeit der Anbau von Durrah und Dochn stattfindet, sobald die Feuchtigkeit nur eine Spanne tief in den Boden eingedrungen, welcher an den bebauten Stellen der Steppe aus feinem, mit wenig Erdteilen gemengtem Flugsand besteht, und in der vorgeschrittenen Zeit die Armee darauf rechnen konnte, die neue Ernte zu ihrer Verpflegung heranzuziehen und auf diese Weise von der Operationsbasis Chartum — Weißer Nil unabhängiger zu werden.

Der Weg, den General Hicks für seine Armee bestimmte, ging von Duem nach südwestlicher Richtung am Gebel Robn vorbei an den Birket Schirkele und obwohl nach den vom General eingezogenen Erkundigungen, eine positive Kenntniß der Straßen und ihrer Brunnen schien unbegreiflicherweise in Chartum zu fehlen, dieser Weg derjenige war, welcher die Schwierigkeit der Wasserversorgung zu einer relativ geringen machte, wurde der General doch von der Notwendigkeit überzeugt, den Wasserbedarf für die ganze Armee tagelang mit transportieren lassen zu müssen. Diese Schwierigkeit, welche den Erfolg des Feldzuges so leicht in Frage stellen konnte, hätte verringert werden können, durch Mitnahme ausreichender Erdbohrer, durch Aufstellung artesischer Brunnen. Aber bei der allgemeinen Unzugänglichkeit der Ausrüstung der von Hicks Pascha geleiteten Armee, von welcher nur die Bewaffnung auszunehmen ist, konnte es nicht befremden, daß an diese Sache nicht gedacht wurde. Dieser Vorwurf trifft eigentlich viel weniger Hicks Pascha persönlich, welcher mit der Indolenz und der unter der Maske der Unterwürfigkeit versteckten Feindseligkeit der ägyptischen Offiziere zu kämpfen hatte, aber er durfte, da er sich der kritischen Lage seiner Unternehmung bewußt war, wie dies sein schon im Juli 1883 nach Kairo gerichtetes Demissionsgesuch bewies, die zu einer Katastrophe treibenden Uebelstände in der von ihm befehligten Armee nicht mit seinem Namen decken.

Am 8. September v. J. hielt General Hicks Revue über die Armee und am folgenden Tage erfolgte der Abmarsch von Omderman. Die Marschordnung ermöglichte eine sofortige Defensivaufstellung, um jeder Ueberraschung vorzubeugen. Die Armee setzte sich aus 7000 Mann Infanterie, 400 Baschibozuks, 100 Gepanzerten, 20 Kanonen (4 Krupp'schen, 10 Gebirgskanonen und 6 Nordenfeldt-Mitrailleusen),

500 Pferden und 5500 Kamelen im Troß zusammen. Hiezu kam noch die Garnison von Dawa und Duem; nach offiziellen Angaben bezifferte sich General Hicks Armee auf 10,500 Mann. Der Vormarsch der Armee ging recht langsam von statten. Von Omderman bis Duem brauchte sie 12 Tage, während die gewöhnliche Reisedauer der Karawanen nur 4 Tage beträgt. Um die Kommunikation mit der Operationsbasis zu erhalten, sollte eine Kette befestigter Lager zwischen dem Weißen Nil und El Obeid angelegt werden; eine Maßregel, welche nicht zur Ausführung kam oder mindestens erfolglos blieb, da sogar die schriftliche Verbindung zwischen Chartum und der Armee unterbrochen wurde. Von Duem ging am 27. September General Hicks mit der Armee südwestlich und südsüdwestlich über Schatt und Serega vorwärts.

Aus Serega datiert eine der letzten direkten Nachrichten von dieser Armee. Major Evans schreibt am 30. September: „Wir verließen Chartum den 9. September und gingen am Westufer des Weißen Nils vorwärts und mit Ausnahme einer viertägigen Rast in Duem marschierten wir seitdem ununterbrochen. Die Hitze ist fürchterlich. An 30 Mann starben an Erschöpfung und Kamele fallen täglich nach Dutzenden. Montag waren wir 12 Stunden im Sattel, für 16 Tage machten wir durchschnittlich 8 Stunden im Tag. Wir hielten in diesem elenden Dorfe von 20 Hütten, um Menschen und Tieren eine kleine Rast zu gewähren. Das Wasser ist abscheulich. Der Feind soll in großer Stärke 30 Meilen vor uns sein, wir werden also in vier Tagen zusammenstoßen. Der Weg hinter uns ist geschlossen und nach dieser Mitteilung kann nichts mehr nach Chartum gesandt werden, bis wir den Hauptrebellen vernichten."

Schon von Chartum aus war die ägyptische Armee mit Spionen des Mahdi umgeben, jede Bewegung derselben kam mit der größten Eile zur Kenntnis desselben, während General Hicks durch verräterische Führer und Berichterstatter getäuscht wurde. Die Rebellen, welche sich am Chor en Nil in einer Anzahl von 10,000 Mann gesammelt hatten, zogen sich auf das Gros der Armee des Mahdi zurück. General Hicks, welcher mit dem Holmdar, dem Generalgouverneur Allah ed Din Pascha, wegen der Führung und des Weges in Streit und Hader lag, teilte die Armee bei Birket Nabad und nahm mit einem Teil derselben die Tete, Allah ed Din mit dem anderen Teil zog einen anderen Weg. General Hicks wurde durch den verräterischen Führer in das felsige, bewaldete Defile von Kaschgil geführt und daselbst am 1. November von dem nach Hunderttausenden zählenden Feind angegriffen. Der Kampf dauerte drei Tage, wohl bildeten die Aegypter Carré, Tausende und Tausende der Anhänger Mehameds Achmeds fielen, aber schließlich trat Munitionsmangel ein, es kam zum Handgemenge, zum Kampf von Mann gegen Mann und die ermatteten, seit drei Tagen durstenden Aegypter, erschöpft durch Durst und Hitze, erlagen nach verzweifeltem Kampfe. Fast alle Offiziere wurden getötet. Außer den englischen, Hicks, Oberst Farqubar, Major Evans, Warner, Massy, auch zwei deutsche Herren, Alfred Freiherr v. Seckendorff und der Arzt Dr. Rosenberg, zwei Oesterreicher, Arthur Herlth und Matwuga, Georgi Bei, der Generalarzt, Allah ed Din Pascha mit der größten Zahl der ägyptischen Paschawats und Beis, im ganzen über 1000 Offiziere. Diese Verlustliste spricht schon allein für die verzweifelte Tapferkeit der gesamten Armee. Zwar tauchten später wiederholt Gerüchte auf, daß ein Teil der Armee unter Allah ed Din Pascha gar nicht in den Kampf kam und sich bei Birket Nabad verschanzt hätte, doch hat bis heute eine thatsächliche Bestätigung dieser, wie auch

der Nachrichten gefehlt, welche ein französischer Groß=
händler in Chartum, Herr Marquet, als glaubwürdig
publizierte. Nach Marquets Gewährsmann sollen die
beiden getrennt marschierenden Abteilungen der ägyptischen
Armee im Defile von Kaschgil in finsterer Nacht aufeinander
gestoßen sein und, sich gegenseitig für den Feind haltend,
gegeneinander gekämpft haben; am Morgen, als der
fürchterliche Irrtum gewahr wurde, kam Mohameb Achmed
mit seinen Leuten und vollendete das Vernichtungswerk.
Diese Darstellung trägt so sehr den Stempel der Unwahr=
scheinlichkeit an sich, daß sie auch nicht für einen Augen=
blick ernst genommen werden konnte. Trotzdem ein halbes
Jahr seit den für die Aegypter so verhängnisvollen Tagen
von Kaschgil vergangen, fehlen uns eingehende Berichte
der Schlacht und werden wohl, wenn überhaupt, erst nach
der Lösung der nun so verworrenen Sudan=Frage zu
unserer Kenntnis kommen. Der erste und bisher auch ver=
trauenswürdigste Bote, welcher die Unglücksbotschaft am
20. November nach Chartum brachte, war ein Aegypter,
welcher der Bewegung des Mahdi fern stand, er war nicht
Zeuge der Schlacht, hatte aber drei Tage nach derselben
den Mahdi gesehen, welcher, mit dem grünen Propheten=
Turban und gelbseidenen Oberkleid angethan, als Trium=
phator nach El Obeid zurückkehrte.

Nach diesem fürchterlichen Schlage war der Sudan
für Aegypten verloren und nur durch Englands Hilfe
könnte eine Wiedereroberung möglich gemacht werden.
England, obwohl den Sudan als ein außer seinen Inter=
essen liegendes Gebiet erklärend und seine völlige Räumung
dem Khedive kategorisch befehlend, sah sich gezwungen,
als es einmal zur Sicherung von Suakin eine Flotte da=
hin schickte, von den Ereignissen und der öffentlichen
Meinung getrieben, seine eigene Armee gegen die Rebellen

ins Feld zu führen. Ich darf die seit der Schlacht von Kaschgil in vorderster Reihe die Tagespresse beschäftigenden Ereignisse der letzten Monate so weit als bekannt voraussetzen, daß ich mich mit einer summarischen Aufzählung derselben hier begnügen darf, welche ich in einem chronologischen Ueberblick der Gesamt-Geschichte des Aufstandes als Schluß meiner Aufsätze hier folgen lasse:

1881. Ende Juli. Roauf Pascha erhält Nachrichten von dem Auftreten Mohamed Achmeds als Mahdi.

6. August. Abu Saud wird nach der Insel Aba gesandt, um den Mohamed Achmed nach Chartum zu bringen; er kehrt resultatlos zurück.

10. August. Die erste Expedition gegen den Mahdi ausgesandt, zwei Dampfschiffe mit 300 Soldaten; am Abend des 11. werden die Aegypter niedergemetzelt.

15. August. In Chartum zeigt sich bereits Aufregung. Gerüchte einer bevorstehenden Christenmetzelung kursieren in der Stadt.

Aus Berber, Taka, Sennar und Faschoda werden Truppen zusammengezogen und mit denen in Kordofan unter dem Mudir Mohamed Said Pascha vereinigt, welcher Befehl erhält, gegen den Mahdi zu marschieren. Mohamed Achmed verläßt die Umgegend von Aba und geht nach dem Gebel Gedir in den Tekele-Bergen. Mohamed Said Pascha kehrt unverrichteter Dinge zurück.

8. Dezember. Raschid Bei mit 400 Mann Soldaten, 1000 Schillulnegern zieht von Faschoda gegen den Mahdi und wird geschlagen, fast die ganze Truppe von den Baggara niedergemacht. Karl Berghoff fällt.

1882. 23. Februar. Roauf Pascha, der Nachfolger Gordons als General-Gouverneur, geht nach Aegypten zurück, Giegler Pascha übernimmt interimistisch die Verwaltung des Sudan.

15. März. Jussuf Pascha verläßt Chartum, um mit einer gut ausgerüsteten Armee, welche aus den Ostprovinzen und aus Kordofan und Darfur zusammengezogen wird, 13 Kompagnien regulärer, 1500 irregulärer Truppen, über 1000 Kamelen den Mahdi anzugreifen.

6. April. Depesche des Mudir Hussein Bei Schukri an Giegler, daß der Rebellenchef Amr el Makaschef mit mehreren 1000 Mann vor Sennar steht und die Stadt bedroht, nächsten Tag Ausfall der Garnison, die Rebellen schlagen dieselbe, bringen in die Stadt und richten ein Blutbad an. Die Truppen ziehen sich nach der Kaserne zurück und werden daselbst belagert gehalten.

15. April. Giegler Pascha geht nach Sennar. Vor seiner Ankunft Befreiung der Stadt durch Salah Aga.

4. Mai. Ein Leutnant des Mahdi, der Scherif Mohamed Taha, schlägt die ihn angreifenden Regierungstruppen.

6. Mai. Nach Ankunft von Verstärkungen aus Qalabat und 2500 Schukuri unter Auad el Kerîm der Scherif angegriffen, geschlagen, getötet. Greuelszenen.

12. Mai. Abd el Kader, der neue Minister für den Sudan, trifft in Chartum ein.

Mitte Mai. Truppensendungen nach Kordofan. Die Hassanie plündern die Karawanen. Der Kopf des Mohamed Taha wird am Marktplatz in Chartum ausgestellt. Die Organisierung von irregulären Sandschacks aus den Schaigie und Dongolanern, 3000 bis 4000 Mann, eifrigst betrieben.

11. Juni. Massakre in Alexandrien. Auftreten Arabis in Aegypten. Die Nachricht hievon nährt den Aufstand im Sudan.

13. Juni. Die Nachricht von der völligen Niederlage Yussuf Paschas in Chartum eingetroffen. Alle Offiziere gefallen. Große Beute des Mahdi.

Mohamed Achmed verläßt die Berge von Telele und zieht nach Kordofan. Die Truppen werden konzentriert und El Obeid belagerungstüchtig gemacht.

24. Juni. Bara in Kordofan angegriffen, die Rebellen mit großen Verlusten zurückgeschlagen.

In Chartum wird ein Rebellenführer aus Sennar gehängt.

Die katholische Missionsstation in Melbes unweit von El Obeid eingeäschert. Die Missionsangehörigen flüchten nach El Obeid.

Anfang August. Der Ort Schatt auf dem Wege von Duem nach Kordofan geplündert, die Einwohner getötet, nur die jungen Weiber mitgeführt.

8., 11., 14. September. Angriff von El Obeid, mit blutigen Verlusten der Aufständischen zurückgeschlagen.

12. September. Schlacht bei Tell el Kebir. Völlige Niederlage Achmed Arabis.

Ende September. Anfang Oktober. } Gefechte am Weißen Nil zwischen Oawa und Marabie. Die Abu Roof Araber üben Verrat. Die Regierungstruppen erleiden Niederlagen.

12. November. Sieg der Aegypter bei Duem. Der Vezier des Mahdi zwei Tage später in Chartum gehängt.

15. November. Die Befestigungsarbeiten von Chartum in Angriff genommen.

Dezember Anfang. Erste Truppensendungen aus Aegypten. Die Regimenter Arabis nach dem Sudan geschickt.

Mitte Dezember. Neue Unruhen in Oawa, später in Sennar, Messalamia und Oetena, Post- und Telegraphenleitung unterbrochen.

Leutnant Colonel Stewart kommt in Chartum an, um einen Bericht über die Lage im Sudan an die englische Regierung zu erstatten.

1883. 2. Januar. Abb el Kader, der Sudan-Gouverneur, geht nach Mesalamia, um die Provinz Sennar zu pazifizieren.

5. Januar. Bara in Kordofan fällt in die Hände des Mahdi.

17. Januar. El Obeid gefallen, nachdem die Garnison ausgehungert wurde.

20. Januar. Gefecht bei Oetena, die Hassanie werden auseinander getrieben.

Ende Januar. Bildung eines Lagers bei Omberman aus regulären Truppen, welche aus Aegypten kommen unter Befehl von Hussein Pascha.

27. Januar. Abd el Kader besiegt die Insurgenten unter Woad Kerif bei Maduf, südwestlich von Mesalamia.

24. Februar. Konsul Hansal in Chartum schickt einen Takruri-Pilger zum Mahdi nach El Obeid, um die Auslieferung der gefangenen Missionare zu betreiben.

4. März. General Hicks trifft in Chartum ein.

22. März. Abb el Kader schlägt die Rebellen bei Karkodj.

26. März. Allah eb Din Pascha aus Massaua wird zum Generalgouverneur ernannt. Abd el Kader wird abberufen.

3. April. General Hicks geht nach Oawa, wohin bereits 5000 Mann geschickt wurden.

26. April. Abd el Kader kehrt nach Kairo zurück. Meldungen aus Kordofan, daß der Mahdi gegen Darfur operiert.

29. April. General Hicks schlägt die Rebellen bei Marabia. Achmed Makaschef wird getötet.

Anfang Mai. Weiterer Sieg bei Djebelein.

Juni und Juli. Ankunft von Truppen aus Aegypten, Vorbereitungen zu einem Feldzug nach Kordofan.
13. August. Im Distrikt von Abut bei Woad Medine neuerdings eine Erhebung.

Bei Suakin, Sinkat Auftreten Osman Digmas, eines Beziers des Mahdi, er attakiert Sinkat, wird geschlagen.

Cholera in Aegypten.

20. August. General Hicks wird zum Oberkommandanten an Stelle Suleiman Paschas ernannt
31. August. Ernst Marno † in Chartum.
9. September. Aufbruch der Armee unter General Hicks von Omderman nach Kordofan.
1. bis 4. November. Schlacht bei Kaschgil, die ägyptische Armee, 10,000 Mann mit über 1000 Offiziere nach verzweiflungsvollem Kampfe niedergemacht.
6. November. Gefecht bei Tokar, die Aegypter geschlagen, Konsul Moncrieff, 11 Offiziere, 142 Mann getötet, 1 Kanone, 300 Gewehre verloren.
26. November bis Dezember. Die Forts von Suakin von Aufständischen angegriffen.
2. Dezember. Die Aegypter unter Kassim Bei bei Suakin, Wady Ekowil aufgerieben, 500 sudanesische (schwarze) Truppen, 200 Baschibozuks, 1 Kanone verloren.

Suakin wird durch ein englisches Kriegsschiff, den „Ranger", verteidigt.

Sinkat und Tokar zerniert, ihr Fall wird befürchtet.
18. Dezember. Baker Pascha geht von Kairo nach Suakin.
26. Dezember. Ankunft der Dampfer und Schleppschiffe in Chartum, welche die Beamten und die Besatzung von Faschoda, welche seit 1864 eine befestigte, ägyptische Station im Schilluklande gewesen, zurückzu-

bringen. Die Mudirie von Faschoda ist aufgelöst, das Land geräumt.

1884. 8. Januar. Nubar Pascha übernimmt das Ministerium in Kairo.

Nur 40 Km. von Chartum bei El Afun steht Schech El Obed, ein Schwager des Mahdi auf.

An beiden Seiten des Blauen Nil erklären sich die Bewohner für den Mahdi; die telegraphische Verbindung mit Sennar gänzlich zerstört.

14. Januar. Ankunft des Dampfers „Ismailia" aus dem Bahr Ghazal-Gebiete in Chartum, Bohndorf, Dr. Junkers Begleiter, an Bord. Nachrichten von Lupton Bei, daß auch die Neger seiner Provinz im Aufstand sind, die Verbindung der Meschra er Req mit Dem Suleiman unterbrochen. Der Reisende Juan Maria Schuver von den Dinkanegern am 21. August 1883 erschlagen worden.

Die Besatzung von Chartum, 6100 Mann, wird unter den Befehl des englischen Obersten Coetlogon gestellt.

20. Januar. Vorbereitungen in Chartum zum Verlassen der Stadt. Rufa am Blauen Nil in großer Bedrängnis.

21. Januar. General Gordon übernimmt eine Mission des englischen Ministeriums, die Räumung des Sudan zu vollziehen und eine neue Ordnung zu schaffen.

24. Januar. Gordons Ankunft in Kairo.

3. Februar. Bakers totale Niederlage bei Sinkat.

9. Februar. Admiral Hewett zum Militär- und Zivilgouverneur von Suakin ernannt.

11. Februar. Fall von Sinkat, Niedermetzelung der tapferen Garnison mit Tewfik Bei, dem Kommandanten.

18. Februar. Gordons Ankunft in Chartum. Er erläßt eine Proklamation, welche den Mahdi als Emir von

Kordofan anerkennt, Steuernachlaß bewilligt und eine freie Praxis des Sklavenhaltens gestattet; er wird von der Bevölkerung Chartums mit Enthusiasmus empfangen.

19. Februar. Das englische Expeditionskorps, 5000 Mann unter General Graham, geht nach Suakin.

21. Februar. Tokar fällt.

29. Februar. Schlacht bei den Brunnen um Teb. Schwer erkämpfter Sieg der Engländer.

13. März. Schlacht bei Tamanieb. Osman Digmas Lager wird genommen. Außerordentliche Tapferkeit der Nubier.

Als Abschluß möge hier noch ein Brief folgen den ich von einem, den Sudan durch viele Jahre bewohnenden, hohen ägyptischen Funktionär erhalten, in welchem sich dieser über die mit dem Aufstand des Mahdi zusammenhängenden Fragen wie folgt äußert:

„Die Sklavenfrage sieht sich ganz anders an, wenn man ihr in amtlicher Stellung begegnet. Humanitäre, die gemütlich zu Hause sitzen und beim Glase Wein menschenfreundeln, finden nichts leichter in der Welt, als Sklavenhandel und Sklaverei abschaffen; ganz anders macht sich die Sache, wenn man die Verantwortung auf sich hat, für die Ruhe, Sicherheit, Ordnung und Zufriedenheit in einem großen Lande wie der Sudan zu sorgen.

Keinen geringen Teil der jetzigen traurigen Zustände im Sudan tragen die Hetzereien gegen die ägyptische Regierung, die sich dadurch veranlaßt sah, so strenge Maßregeln gegen Sklaverei anzuordnen. Die Regierung kann nun ganz logisch fragen: „War es besser, als wir im Sudan nach unserem System und nach unseren Ideen regierten, wie jetzt, wo die Früchte euerer Ideen, die ihr uns aufgedrängt, reif sind?

Ich bin kein Beschöniger des türkischen Systems, aber es hat uns im Sudan musterhafte Ordnung geschaffen und niemand, resp. keine fremde Regierung hätte so sinnlos dagegen arbeiten sollen, ohne gegebenen Falles besseres dafür zu schaffen. England hat sich in diese Lage gebracht und nun, wo es seine Pflicht wäre, Truppen nach dem Sudan zu schicken, um Ordnung zu schaffen, sagt es, wir haben dort keine Interessen. Gut, wenn dem so ist, dann muß der Sudan sich selbst überlassen werden, denn Aegypten kann ohne fremde Hilfe, die es nicht bekommt, den Sudan sich nicht wieder unterthänig machen. Folgerichtig sollen die Völker im Sudan thun, was sie wollen und daß der Sklavenhandel wieder blühen wird, ist selbstredend die erste Folge einer solchen Entwickelung der Frage.

So nehme ich an, faßt Gordon die Sache auf und ich stimme ihm ganz bei und bewundere ihn, daß er den Mut hat, der ganzen Welt und seinem eigenen Lande die ungeschminkte Wahrheit zu sagen.

Bis nicht eine andere kräftige Regierung sich des Sudan bemächtigt, kann keine Hoffnung vorhanden sein, dem Uebel entgegen zu treten. Vor allem sollten Missionare in ihrem albernen Dünkel, in der Sache Erfolg zu haben, eines besseren belehrt werden. Gordon sagte mir hier: „Der Sudan ist eine Frau, die bisher mit Aegypten verehelicht war. Diese Ehe ist nun getrennt. Will sich diese Frau wieder verehelichen mit einem anderen (andere Macht), so kann sie es thun und dann wird sich etwas aus dem Sudan machen lassen." Das Gleichnis ist ein ganz richtiges und bis dies geschieht, wird sich auch nichts in der Sklavenfrage thun lassen. Daß Gordon während seiner früheren Administration nicht nur oft zwei Augen zugedrückt hat, sondern die Sache noch insoferne begünstigt hat, indem er Kontrakte für Lieferung von Sklaven als Soldaten ausgegeben hat, ist uns Sudanesen allen bekannt. Auch hier würde ich ihn durch dick und dünn verteidigen. Die Anschuldigung, daß Gordon einen Durchgangszoll von 2½ Thaler per Kopf in Galabat erhob, ist falsch. So weit ist er nicht gegangen. Beamte in Galabat und anderen Plätzen mögen dies schon auf ihre eigene Faust gethan haben, natürlich für sich selbst, d. i. zu ihrem eigenem Vorteil.

Daß die Rehabilitierung der alten Sultanfamilien den permanenten Bürgerkrieg im Sudan zur Folge haben wird ist leider eine andere Folge der Lösung der Frage, wenn nicht England droht und diese Drohung unter Umständen verwirklicht. Die englische Regierung, wird indessen, ohne daß sie es will, immer mehr durch die Verhältnisse gezwungen werden, thatkräftig einzuschreiten, was die Vorgänge am Roten Meere beweisen und sollte Gordon oder einem High=Kommissionar, der vielleicht für den Sudan ernannt wird, etwas passieren, dann wird man auch noch diesen Knoten mit dem Schwert durchschneiden müssen."

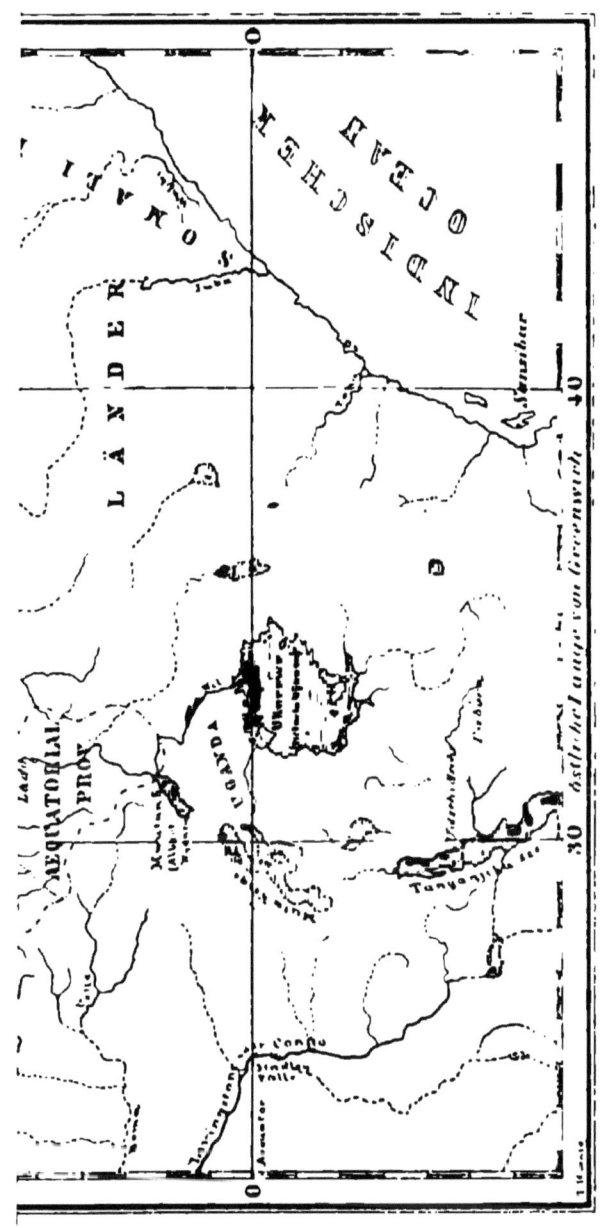

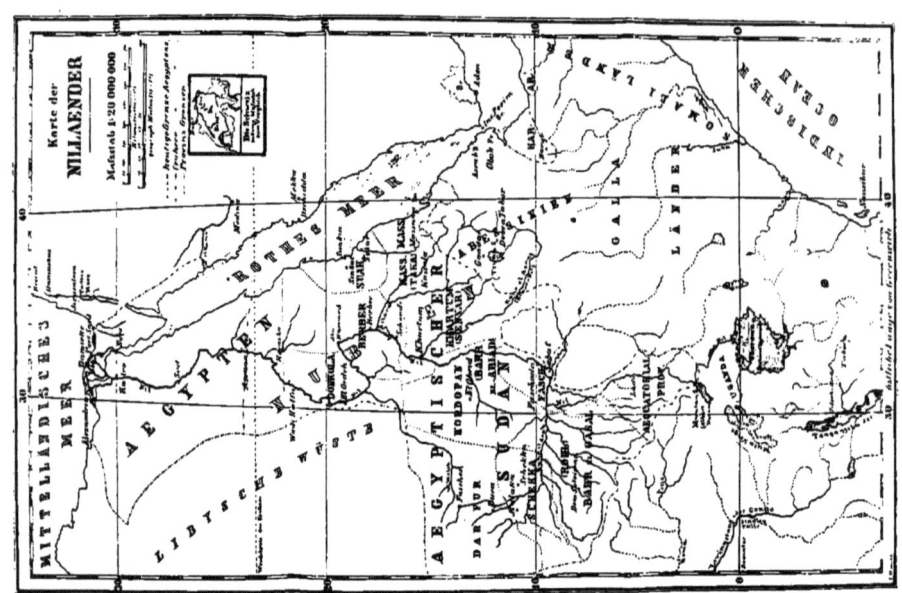

Karte des Aufstandsgebietes im Sudan, Wohnsitze der Araber- und Beduinstämme.